표준국어대사전을
비판한다

오염된 국어사전

오염된 국어사전
ⓒ 이윤옥, 2013

초판 1쇄 2013년 7월 22일 펴냄
초판 3쇄 2015년 11월 30일 펴냄

지은이 | 이윤옥
펴낸이 | 강준우
기획·편집 | 박상문, 박지석, 박효주, 김환표
디자인 | 이은혜, 최진영
마케팅 | 이태준, 박상철
인쇄·제본 | 대정인쇄공사

펴낸곳 | 인물과사상사
출판등록 | 제17-204호 1998년 3월 11일

주소 | (121-839) 서울시 마포구 서교동 392-4 삼양E&R빌딩 2층
전화 | 02-325-6364
팩스 | 02-474-1413
www.inmul.co.kr | insa@inmul.co.kr

ISBN 978-89-5906-237-9 03710
값 13,000원

이 저작물의 내용을 쓰고자 할 때는 저작자와 인물과사상사의 허락을 받아야 합니다.
파손된 책은 바꾸어 드립니다.

이 도서의 국립중앙도서관 출판시도서목록(CIP)은 서지정보유통지원시스템 홈페이지(http://seoji.nl.go.kr)와
국가자료공동목록시스템(http://www.nl.go.kr/kolisnet)에서 이용하실 수 있습니다. (CIP제어번호 : CIP2013011848)

표준국어대사전을 비판한다

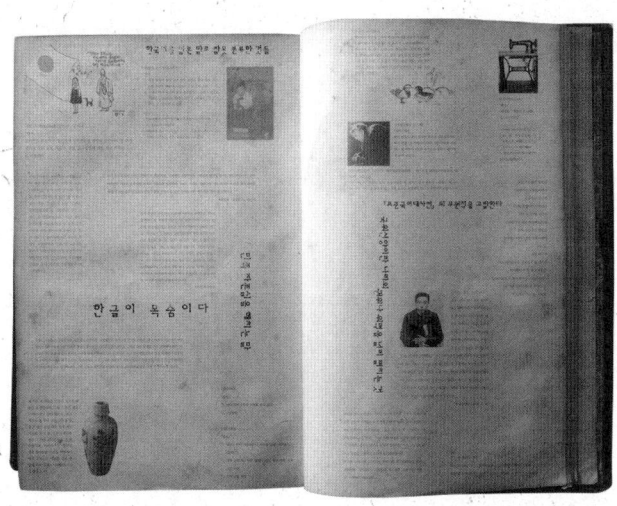

오염된 국어사전

이윤옥 지음

들어가며

일본어를 공부한 지 어언 35년이 지났다. 다른 사람들은 일본어 공부 몇 년만 되어도 책을 척척 만들어내는데 워낙 재주가 없다 보니 2010년에 나온 『사쿠라 훈민정음』에 이어 이제야 두 번째 책을 엮는다. 이 책은 우리 말 속에 꼭꼭 숨어 마치 예전부터 있던 것처럼 행세하며 사용되는 일본 말들을 골라 그것의 정체와 역사성을 들춘 책으로, 『사쿠라 훈민정음』의 연장선상으로 보면 이해하기 쉽다.

특히 이 글을 쓰면서 떠올린 책 이름이 『표준국어대사전을 불태워라』였는데(채택이 안 되었지만), 이렇게 파격적인 이름을 붙인 데에는 내 나름의 이유가 있다. 우리 말, 글을 사랑한답시고 국어사전을 찾고 문헌을 뒤

지면서 우리 사전이 너무나 부실하고 안이하다는 생각이 절실해졌기 때문이다.

한번은 국립국어원 질의응답 게시판인 온라인 가나다에 "국위선양의 어원을 알려달라"고 글을 올린 적이 있다. 그랬더니 국립국어원 담당자가 답하길 "국위선양이란 나라의 권위나 위력을 널리 펼치는 것"이라고 했다. 결론부터 말하자면 이 말은 일본 말에서 온 것으로, 메이지 정부를 세계만방에 알리자는 뜻이다. 나라를 빼앗기고 스무 살 새댁의 몸으로 압록강을 넘어 상하이 대한민국 임시정부의 맏며느리 노릇을 도맡아 하던 애국지사 정정화 선생은 그의 임시정부 시절 이야기를 묶은 책 『장강일기』에서 '국위선양'이란 말이 "군국주의 냄새로 메스껍다"고 했다. 이 말의 유래는 1장에서 정확히 밝혔다.

그뿐만 아니라 삼일절이나 광복절 같은 국경일은 물론이고 초등학교 입학식에서도 자주 쓰이는 '국민의례'라든지 '멸사봉공' 또는 '서정쇄신' 같은 말도 본뜻을 헤아리지 못하고 쓰는 경우가 많다. 이러한 말은 대부분 일제강점기에 뿌리를 내린 것이다. 이렇게 우리말 속에는 일제강점기에 녹아든 일본 말 찌꺼기가 있는가 하면 해방 이후에 들어온 택배(宅配), 다쿠하이), 달인(達人, 다쓰진), 추월(追越, 오이코시) 같은 말도 있다.

이런 일본 말 찌꺼기들이 아직도 걸러지지 못한 채 우리나라 사람들이 일상에서 예사롭게 이것들을 쓰고 있다. 나는 그 까닭을 『표준국어대사전』의 부실로 본다. 모름지기 국어 사랑은 국어사전을 올바르게 재정비하는 데서 비롯된다고 해도 지나친 말이 아니다. 그렇다고 국어의 모든 것을 국가기관에만 의지하는 것도 옳지 않다. 국민이 날카롭게 감시하지 않은 잘못도 있다. 이런 감시자의 눈으로 이 책을 쓰게 되었다.

그러나 우리 말과 글 속에 남아 있는 일본 말 찌꺼기를 걸러내는 작업은 이 한 권으로 완성되는 것은 아니다. 예로부터 물려내려온 우리말과 세종대왕이 만들어준 아름다운 우리글 속에 남아 있는 일본 말 찌꺼기는 하루빨리 알기 쉽고 아름다운 우리말로 바꿔 써야 할 것이다. 물론 '스펙 쌓기'나 '힐링캠프' 같은 서양어도 건전한 말글살이의 훼방꾼임은 두말할 필요가 없다.

어두운 일제강점기에 당당히 '한글이 목숨이다'라고 외친 외솔 선생의 한글 사랑 정신을 되새기며 이 책을 세상에 내놓는다.

단기 4346년(서기 2013년) 광복절 즈음에
한뫼골에서 한꽃 이윤옥

차례

들어가며　5

제1장　민족 자존심을 해치는 말

'국민의례' 란 일본제국주의 시대 궁성요배, 신사참배, 기미가요의 의식	15
'국위선양' 은 메이지 정부를 세계만방에 자랑하자는 말	21
일본 천황을 위한 '멸사봉공' 알고나 쓰나	27
일본 군대에서 유래한 '기합'	33
'지카다비' 를 신고 탄광 노동에 시달리던 조선인	39
백 년 된 교토의 '표구점' 앞에 천 년의 자존심이 구겨진다	43
고대에 직물 기술이 한 수 위였던 한국에 '기모' 바지가 판치다	50
'동장군' 은 일본 사전을 베끼다 말아	58
'간벌' 로 황폐해진 조선의 산	66
우리도 옥스퍼드 사전처럼 '쓰나미' 라고 해요	70
문학작품에 원앙금침이 수두룩한 나라에 웬 '잉꼬부부'	74

청와대와 어린이를 잇는 '가교' 역할 해주세요   81
왜 한국인은 아들이 태어나면 '장군감'이라 하나   87
고려청자 최대의 장물아비 이토 히로부미와 '호리꾼'   91
금강초롱에 붙인 초대 조선 통감 이름 '화방초'   95
일본 말 의붓자식밑씻개에서 온 '며느리밑씻개'   100

제2장 일본 말로 잘못 분류한 한국어

'아연실색'은 일본 말(?)   107
불쌍한 대한민국 '장손', 장손은 일본 말?   112
『조선왕조실록』에도 나오던 '간간이'   115
'양돈'이 일본 말이라고?   119
'수수방관'은 『선조실록』에도 있던 말   124
기름진 '옥토'는 정약용의 시에도 나오던 말   127
'익월'과 '익일'은 『인조실록』에도 있던 말   131
중국 하얼빈에서 '반입'된 안중근 동상 유치   135
'대두'는 조선 시대에도 쓰던 말   138

제3장 『표준국어대사전』의 무원칙을 고발한다 1
국어사전에 실린 일본 말

냉면 육수와 '다대기'   145
'마호병' 들고 창경원 나들이길   149
군대 간 아들 '무데뽀' 상면기   153
'미싱' 사, 오버사, 시다, 실밥 따실 분 급구   157
우리 밀로 '앙꼬 빵' 만들기   161
'야끼만두' 만드는 법을 알고 싶어요   164
'찌라시'   168
스케치북과 4B 연필 한 '다스'   171
여자들은 어떤 '스킨십'을 좋아하나요   175

제4장 『표준국어대사전』의 무원칙을 고발한다 2
국어사전에 실리지 않은 일본 말

해병대 '곤조가'   183
'도쿠리' 셔츠에서 목폴라 시대로   187

블라우스만은 '단품'으로 팔고 있지 않습니다	190
어디 가서 '싯뿌' 나 했으면 좋겠다	194
할머니, '유도리'는 순수 우리말인가요	198
천형天刑처럼 쓰는 건축 공사장의 '암석 소할'	201
세숫대야에 김치를 버무려 먹는 한국인	206
'다구리' 당하다	210
'자부동'이 경상도 사투리라고?	213

제5장 그밖에 고쳐 써야 할 일본 말 찌꺼기

동네 약국의 무거운 짐 '덕용' 포장	219
'구루병'에 걸려 곱사등 된다?	223
타고르가 노래한 조용한 아침의 나라에서 딴 아침고요 '수목원'	227
옛날 '고참'이 나에게 체질 감정해달라고 오다	231
경기도지사 선거에서 김문수에 '석패'	235
'분재' 소나무를 읊다	238
이월 제품으로 구입한 부츠에 기스가 있는데 '수선' 되나요	243
'품절' 되기 전에 주문하세요	247

영화 '엽기적인' 그녀	251
'불심검문' 하는 거리	255
'원족' 가는 날	258
입원 '가료' 중	262
'건배' 유감	267
'대미'를 장식하다	272
'수상화서'로 피는 여뀌 꽃을 아시나요	276
식물인간이나 사지마비 환자가 아닌 한 '개호비' 인정 안 돼	282
이 대통령 정상회담서 '모두' 발언하다	285
'시건장치' 없는 집만 골라 도둑질	288
대출은 소득 '공제' 안 되나요	291

부록

『표준국어대사전』을 질타한다	297
추악한 일본인과 이에 손뼉 치는 언론	304
참고문헌	311

제1장 민족 자존심을 해치는 말

'국민의례'란 일본제국주의 시대
궁성요배, 신사참배, 기미가요의 의식

2012년 11월 17일은 제73회를 맞이한 순국선열의 날로, 해마다 이 날이 되면 전국 곳곳에서 나라를 위해 순국하신 분들을 기리는 행사를 연다. 순국선열의 날뿐만 아니라 삼일절, 광복절은 물론이고 학교의 입학식이나 졸업식, 국가 주요 행사 날에는 빠지지 않고 하는 것이 있으니 '국민의례國民儀禮'가 바로 그것이다. 국립국어원의 『표준국어대사전』에서는 국민의례를 어떻게 풀이하고 있을까?

❁ 국민-의례國民儀禮〔궁미늬-/궁미니-〕

「명사」

국민의례는 제국주의 일본에서 유래한 것이다.

공식적인 의식이나 행사에서 국민으로서 마땅히 갖추어야 할 격식. 국기에 대한 경례, 애국가 제창, 순국선열에 대한 묵념 따위의 순서로 진행한다.

그러나 결론부터 말하자면 점잖게 풀이된 이 말은 제국주의 당시 일본에서 유래한 것이다. 『영남판교회100년사靈南坂教會100年史』에 따르면 "國民儀禮こくみんぎれいとは, 「日本基督教團が定める儀禮樣式のことで, 具體的には宮城遙拜, 君が代齊唱, 神社參拜」である"라고 한다. 번역하면 "국민의례란, 일본 기독교단이 정한 의례의식으로 구체적으로는 궁성요배, 기미가요 제창, 신사참배다"라고 밝히고 있다. 영남판교회란 1879년 교토 도시샤京都 同志社대학 출신의 목사인 고자키 히로미치小崎弘道가 세운 교회로, 이 교회는 1904년 러일전쟁이 발발하자 자발적으로 대일본종교가대회大日本宗教家大會를 열어 전쟁에 협력할 것을 표명한 바 있으며 제국주의에

호의적인 태도를 보였다.

이들이 말하는 국민의례를 좀 더 구체적으로 살펴보면 다음과 같다.

1. 예배가 시작되기 전에 종이 울리면 회중이 자리에서 일어나서 부동 자세를 취한다. (鐘鳴る 會衆起立 不動姿勢を取る.)

2. 교직자가 입장한다. (教職者入場.)

3. 종이 멈추면 회중은 오른쪽으로 몸을 돌려 궁성을 향한다. (鐘止む 會衆右向け宮城を向く.)

4. 기미가요(국가)가 연주되면 모두 허리를 구부려 경례 자세를 취한다. (國歌奏樂 總員最敬禮.)

5. '기미가요아요오와' 까지 마치면 모두 바로 자세를 취하고 수그렸던 윗몸을 바로세운다. 기미가요 연주 중에는 출정군인, 상이군인, 전몰군인 및 유가족을 위해 그리고 대동아전쟁 완수를 위해 묵념한다.
(キーミーガーアーヨーオーハー まで濟むと總員直れ, 上體を起こす 國歌奏樂中 そのまま默禱〔出征軍人 傷痍軍人 戰沒軍人 並遺族の爲, 又大東亞戰爭完遂の爲〕.)

6. 기미가요 연주가 끝난다. 회중은 궁성을 향하던 몸을 원위치한다.
   (國歌奏樂終る 會衆左向け.)

7. 교직자가 착석하면 회중도 착석한다. (敎職者着席, 會衆着席.)

8. 예배 개시 연주(찬송가)를 시작한다. (禮拜開始奏樂始まる.)

이와 같이 국민의례란 말은 일본 기독교단에서 제국주의에 충성하고자 만든 것이며, 그 핵심은 궁성요배, 기미가요, 신사참배에 있는 것이지 『표준국어대사전』에서 풀이한 것처럼 "국민으로서 마땅히 갖추어야 할 격식, 국기에 대한 경례, 애국가 제창, 순국선열에 대한 묵념"과는 거리가 먼 것이다. 더욱 한심한 것은 내가 2012년 11월 15일에 국립국어원에 질의한 내용에 대한 답변이었다.

국민의례의 어원을 묻습니다

이윤옥(2012. 11. 1)

안녕하세요.
국민의례라는 말의 어원을 묻습니다. 『표준국어대사전』에는 풀이하길,

국민-의례國民儀禮 〔궁미늬-/국미니-〕
「명사」
공식적인 의식이나 행사에서 국민으로서 마땅히 갖추어야 할 격식. 국기에 대한 경례, 애국가 제창, 순국선열에 대한 묵념 따위의 순서로 진행한다.

라고 되어 있습니다.
이 말의 유래가 일본어에서 온 것인지 아니면 한국에서 만든 말인지 궁금합니다. 답을 기다립니다.

이에 대해 국립국어원은 어떤 답을 내놓았을까.

답

안녕하십니까?
죄송합니다만 현행 『표준국어대사전』과 '21세기 세종계획' 누리집에서

> '국민의례'에 대한 어원을 제시하고 있지 않아 정확하게 답변을 드리기 어렵습니다. 단어의 어원은 알 수 없는 경우가 많으며, 문의하신 '국민의례'도 그러한 단어 중의 하나입니다. 적절한 도움을 드리지 못해 죄송합니다.

한마디로 적절한 답을 못해 죄송하다는 황당한 답이다. 문제는 이러한 말이 한두 개가 아니라는 데 있다. 특히 국어에 관한 모든 궁금증을 풀어 주고자 만든 국립국어원 온라인 가나다에 올라와 있는 일본 말 어원 질문은 거의 '모르쇠'로 일관하는 것이 현 상황이다.

한 가지 덧붙일 말이 있다. 각종 행사에서 하는 국기에 대한 경례, 애국가 부르기, 묵념 같은 것을 하지 말자는 주장이 아니라는 점이다. 그러한 것은 어느 나라든 마땅히 해야겠지만 이러한 행동을 가리키는 '국민의례'라는 말의 말밑(어원) 정도는 알아야 한다는 게 내 소견이다. 또한 『표준국어대사전』은 이 말의 말밑을 정확히 밝혀주기를 바란다.

'국위선양'은 메이지 정부를
세계만방에 자랑하자는 말

우리 동포가 원양 선박의 선장이 된 것도 자랑, 국제적인 교향악단의 지휘자로 명성을 떨치는 것도 자랑, 어느 분야에서든지 이름이 났다 하면 민족의 영웅으로 칭송된다. 우리는 이것을 국위선양이라 하지만 이 말은 과거 왜인들이 즐겨 쓰던 말로 군국주의 냄새가 물씬 풍겨서 그 말만 들어도 속이 메스꺼운 것이 내 심정이다.

● 정정화, 『장강일기』

나라를 빼앗기고 스무 살 새댁의 몸으로 압록강을 넘어 상하이 대한민국 임시정부의 맏며느리 노릇을 도맡아 하던 정정화 여사는 그의 임시정부

국위선양 소리만 들어도 메스껍다는 독립운동가 정정화 여사의 파란만장한 일대기.

시절 이야기를 담아낸 책 『장강일기』 속에서 '국위선양' 이란 말이 "군국주의 냄새로 메스껍다"고 했다. 도대체 국위선양이란 무슨 뜻이며 어디서 유래한 말이기에 메스껍기까지 한 것일까?

일제강점기 때 미나미 지로南次郎, 1874~1955 7대 조선 총독의 조선인 길들이기 5대 지침 가운데 하나인 '국위선양' 은 유감스럽게 『표준국어대사전』에 올라 있지 않다. '국민의례', '서정쇄신' 같은 말은 올라 있으면서 국위선양은 올라 있지 않은 것도 우습지만, 이러한 경우 이 말뜻이 궁금한 사람들은 인터넷에 질문할 수밖에 없을 것이다. 아닌 게 아니라 국위선양이란 말이 무슨 뜻인지 알려달라는 질문이 인터넷에 올라 있고 그럴싸한 답이 올라 있다.

● 국위선양國威宣揚: 나라 국, 위엄할 위, 베풀 선, 오를 양. 말 그대로입니다. 나라의 권력이나 위엄을 널리 떨치게 한다는 뜻입니다. '외국에 나

가서 국위선양을 했다' 라는 말을 예로 들어드리겠습니다. 외국에서 잘 못 알고 있는 우리의 문화나 역사 등을 제대로 알리는 것입니다. 말이 굉장히 거창해서 그렇지 사소한 것에서부터 국위선양을 할 수 있습니다. 나라의 권위를 지키는 것. IT 강국으로서 세계를 향해 우리말을 바르게 쓰는 것도 국위선양이라고 할 수 있죠.

●네이버 지식인

정말 그럴까? 한번 살펴보자. 일본 위키피디어에 국위선양은 어떻게 나와 있을까. "億兆安撫國威宣揚の御宸翰とは, 明治元年3月14日(1868年 4月6日), 五箇條の御誓文の宣言に際して明治天皇が臣下に賜ったことば"라고 풀어놓았다. 번역하면 "억조안무국위선양어신한이란, 메이지 원년 3월 14일(1868년 4월 6일) 5개조 선언 발표 때 메이지 왕이 신하에게 내린 말"이라는 뜻이다. 좀 더 설명을 보충하면 "신하들은 천황을 도와 국가를 지키고 황국신민을 있게 한 시조신皇祖神靈을 위로하여 일본을 만세일계에 알려야 한다"는 것이 이른바 '국위선양'의 골자다. 곧, 국위선양이란 일본을 세계만방에 알리자는 뜻이며 이 말을 계속 쓴다면 우리가 메이지 시대의 신민임을 자처하는 꼴이다.

이 말이 한국에서 쓰인 이른 경우는 『대한학회월보』 1908년 6월 5일치에 실린 노정학의 「외국무역론」에 보이는 것을 시작으로 1930년대 이후 신문과 잡지에서 집중적으로 보인다. 『삼천리』 제12권(제7호, 1940년 7월

1일치) '중일전쟁 3주년 기념'이라는 제목에 다음과 같은 글이 실려 있다. 다음은 내가 쉬운 현대 말로 고친 것이다.

아시아 신질서 건설을 방해하는 용공분자 중국의 장제스 일파를 무찌르기 위해 천황 군대를 중국의 400주州에 주둔시킨 지 4년째, 이번 7월 7일로써 만 3년이 된다. 그동안 황군은 성전聖戰의 완수를 착착 거두어가고 있다. 이제 감개 깊은 이 날을 맞아 희생된 28명의 황군 장병 영령에 진심으로 고개 숙이며 그와 동시에, 아직도 전쟁은 계속되고 있으니 우리는 더욱 일치단결하여 멸사봉공 정신으로 정부와 군을 도와 빠른 시일 내에 이 성전을 완수해야 할 것이다.

이를 완수하기 위한 행동지침 강령 5개조 가운데 두 번째가 국위선양이다. 두 번째 강령을 살펴보자.

2. 신사神社에서는 출정장병出征將兵의 무운장구武運長久를 비는 기원제를 하며 신도神道, 불교, 기독교에서는 전몰장병의 위로법회와 국위선양國威宣揚, 황군장병皇軍將兵의 무운장구를 기원할 것

다시 말해 각 종교 시설에서는 출정 장병의 무사안녕과 싸움터에서 국위선양(일본을 선양)할 황군장병의 무운장구를 빌라는 지침이 내려진 것

이다. 따라서 오늘날 우리가 쓰는 국위선양은 이 말이 쓰이던 당시에는 제국주의의 음흉한 흉계를 품은 말로 식민지 조선에서 조선인들을 부추기는 데 쓰였음을 알 수 있다.

올해는 광복 68주년을 맞이하는 해지만 여전히 식민 시대의 잔재인 '국위선양'을 털어내지 못하고 그것을 마치 '한국을 자랑스럽게 알리는 것' 처럼 생각하는 것은 부끄러운 일이다. 만일 이 말이 본래의 뜻을 잃지 않고 있다면 우리가 나서서 '메이지 시대의 신민臣民' 임을 자처하는 꼴이니 어이 부끄럽지 않으랴! 국민의 혈세로 만든 『표준국어대사전』은 이러한 말의 유래를 정확히 짚어줘야 할 것이며 이 말을 대체할 말을 국민들 스스로 머리를 맞대고 찾아봐야 할 것이다. 바로 청산하지 못한다면 유래라도 알고 쓰면 좋겠다. 내가 국립국어원에 국위선양에 대한 질문을 다음과 같이 던졌더니 이에 답해온 국립국어원의 풀이는 보는 이들로 하여금 웃음을 자아내게 했다.

 국위선양에 대하여

이윤옥(2011. 2. 21)

국위선양이란 말에 대해 여쭙니다.
『표준국어대사전』에는 이 말이 없는데
이 말의 뜻과 그 어원을 알려주십시오.

답

안녕하십니까?

'국위'와 '선양'은 각각의 단어이므로, 사전에서 따로따로 찾으셔야 합니다. '국위'의 원어는 '國威'로, 그 뜻은 '나라의 권위나 위력'이며, '선양'의 원어는 '宣揚'으로, 그 뜻은 '명성이나 권위 따위를 널리 떨치게 함'입니다. 이에 따라 '국위 선양'이라는 표현은 '나라의 권위나 위력을 널리 떨치게 함'의 뜻을 나타냅니다.

일본 천황을 위한 '멸사봉공' 알고나 쓰나

국민은 소중한 조국을 지키기 위해 충성을 다하며 묵묵히 임무를 완수하는 대다수 국군 장병을 믿는다. 조국을 위해 젊음을 바쳐 희생하고 있는 그들의 명예가 도매금으로 더럽혀지지 않기를 바란다. 하지만 장병들도 조국을 지키는 일은 한 점 부끄러움이 없어야 한다는 점을 잊지 말아야 한다. 이는 바로 우리 군인들이 표상으로 모시는 충무공의 멸사봉공滅私奉公 정신이 지향하는 목표요 방향이다.

● 『조선일보』 사외칼럼

2012년 10월 2일 북한 병사가 휴전선 철책을 넘어 우리 군 초소 문을 두드

멸사봉공은 천황을 위해서라면 목숨도 내놓아야 할 시절에 쓰던 말.

려 귀순 의사를 밝혔다. 이때까지 우리 군에서는 이 사실을 전혀 몰라 크게 논란이 되었다. 예문은 이 노크귀순 사건이 발생한 뒤에 『조선일보』에 실린 사외칼럼이다. 칼럼을 쓴 이는 대한민국 국민이면 모두가 존경하는 충무공 이순신의 '멸사봉공' 정신이 조국을 지킬 때의 마음가짐이라고 강조한다. 이순신 장군이 멸사봉공? 흔히 쓰이는 멸사봉공滅私奉公이란 말을 『표준국어대사전』에서는 다음과 같이 풀이한다.

✿ 멸사-봉공滅私奉公[-싸—]

「명사」

사욕을 버리고 공익을 위하여 힘씀.

그러나 이 말은 일제강점기에 조선총독부에서 조선인 길들이기에 자주 사용한 것이다. 국어사전 풀이에서 사욕을 버리라는 것은 알겠는데

'공익'이란 말은 좀 모호하다. 공익公益의 사전 풀이는 "사회 전체의 이익"이다. 이때 주의해야 할 것이 있는데 '사회 전체의 이익'이 누구를 위한 것인가 하는 점이다.

1939년 4월 19일치 『조선총독부 관보』에서 총독 미나미 지로가 "국민정신 앙양"을 위해 '충남 부여에 일본 신궁神宮 창립, 지원병 강화, 황도정신 선양' 등을 내세우면서 사용하기 시작하여 1939년 4월 19일부터 1941년 12월 23일까지 집중적인 멸사봉공의 훈시가 내려지고 있다. 멸사봉공 훈시의 몇 가지 예를 살펴보면 다음과 같다.

> 모든 관공리官公吏가 멸사봉공滅私奉公의 정열情熱에 불타는 심경心境에 이르면, 관민官民의 간間에 드디어 원활圓滑을 가加할 것은 물론勿論, 지성至誠의 영映하는 바 혹或은 지주地主와 소작인小作人, 혹或은 기업자企業者와 노무자勞務者와 같은 사이에도 따뜻한 양해諒解를 증진增進하여 국가國家에의 봉사奉仕로써 제일의第一義로 하는 소위所謂 총친화總親和, 총노력總努力을 기期치 않고도 실리實理될 수 있을 것이다.
>
> ●「도지사회의에서 총독 미나미 지로의 훈시」
>
> 『조선총독부 관보』, 1939년 4월 19일

훈시 가운데 '멸사봉공의 정열에 불타'라는 말이 인상적이다. 또한 1940년 4월 24일치 관보에도 이런 훈시를 내리고 있다.

강령단체綱領團體의 본의本義에 기하여 내선일체內鮮一體의 실을 거擧하고 각 그 직역職域에서 멸사봉공滅私奉公의 성성誠誠을 다하여 국방국가체제國防國家體制의 완성, 동아신질서東亞新秩序 건설에 매진할 것을 기함.

이때 쓰인 멸사봉공이 누구를 위한 멸사봉공인지는 세 살 먹은 어린애도 알 것이다. 일본 위키피디어에서는 멸사봉공을 "자기 자신에게 마이너스 결과를 가져오더라도 주인이나 천황을 위해 충성을 맹세하여 봉사하는 정신. 1945년 이전 수신교육修身教育의 기본 사상 가운데 하나였다" 라고 풀이하고 있다. 1945년이라면 패전 이전을 말한다. 태평양전쟁이 극에 달할 때 일본의 교육 방침은 첫째도 둘째도 천황을 중심으로 한 군국주의 실현이었다. 천황을 위해서라면 목숨도 내놓아야 할 시절에 쓰던 말이 멸사봉공인 것이다.

그렇다면 예전에 한국에서는 이런 뜻을 가리킬 때 멸사봉공 대신 뭐라 썼을까? 고려 말 학자인 권근權近, 1352~1409의 시문집인 『양촌집陽村集』 33권에 보면 '배사향공背私嚮公'이란 말이 나오는데 이를 요즘 사람들이 멸사봉공으로 번역하고 있다.

뛰어난 선비와 충성을 다하는 대신과 우뚝한 호걸과 위대한 영웅과 산림의 처사處士와 초야에 묻힌 인재들도 모두 자신의 능력을 발휘하여 일에 민첩하고 공을 세우며, 임기응변하고 멸사봉공滅私奉公하며, 간사한 자를 내

쫓고 완만한 자를 물리치며, 아첨하는 자가 나오지 못하고 질투하는 자가 용납되지 않아서 법령이 수행되고 도리가 융성해졌습니다.
卓犖之傑. 瑰偉之雄. 山林之逸. 草野之窮. 莫不躍鱗振羽. 趨事儴功. 迎機應變. 背私嚮公. 斥逐邪佞. 拔去頑兇. 讒諂不進. 媚疾不容. 令修弊革. 理濤道惟豐.

또한 조선 중기의 문인 우계牛溪 성혼成渾, 1535~1598의 문집인 『우계집牛溪集』에 '지봉공只奉公'이라는 표현이 나오는데, 요즘 사람들이 이를 멸사봉공이라고 번역해두었다.

정자程子 말씀에, 공정하면 하나가 되고 사사로우면 만 가지로 달라진다고 하였으니, 신하가 자기 몸을 아끼지 않고 오로지 멸사봉공滅私奉公하며 나라를 걱정한다면 천 명 만 명이 한마음이 될 수 있습니다. 그리고 만일 스스로 사리사욕을 챙겨 자신만을 아낀다면 사람마다 각기 다른 마음을 가질 것이니, 어찌 하나로 통일될 수 있겠습니까.
程子之言曰. 公則一. 私則萬殊. 人臣不有其身. 只奉公憂國. 則千萬人可爲一心. 若自私愛身. 則人各爲心. 安能合一乎.

700여 년 전 권근이 살던 고려 시대에도 멸사봉공의 뜻은 있었다. 다만 그 뜻을 표현하는 말이 배사향공背私嚮公이었으며 조선 시대에 오면 지봉공只奉公으로 쓴 것이다. 우리가 지금 쓰는 멸사봉공은 황국신민, 내선일체, 신사참배와 동일시되던 말로, 특히 1939년 4월 19일부터 1941년 12월 23일까지 식민지 조선 땅에 집중적인 멸사봉공의 훈시가 내려졌다. 일제강점기에 조선인 길들이기로 쓰인 말을 그 본래 뜻을 헤아리지 못하는 사이에 일반 국민들이 무의식적으로 널리 쓰고 있으니 안타깝다. 멸사봉공이란 말이 누구를 위한 멸사봉공인지나 알고 썼으면 좋겠다.

일본 군대에서 유래한 '기합'

1958년 4월 29일치 『동아일보』에 「소위 '기합' 겁내 자살」이란 기사가 보인다. 사연인즉슨 부대에서 서울로 물자 구입을 위해 파견한 김 아무개 이등병과 이 아무개 이등병은 부대로 돌아오라는 날짜를 넘겼다. 구매 물건을 사지 못해서였는지 어떤지는 자세히 나와 있지 않지만 두 군인은 서대문의 한 술집에서 술을 마시고 45구경 권총으로 김 이등병이 동료를 쏘고 자신도 자살한 사건이다.

소위 기합 겁내 자살
기일 내 귀대 못한 두 군인

27일 하오 10시 30분경 서울시내 서대문구 교남동 61에 있는 '현저옥'에서 술을 마시고 난 해병 1사단 1연대 소속 이등병조 김기황 군(22)은 가지고 있던 45구경 권총으로 함께 술을 마시던 이경식(23) 이등병 군의 가슴에 2발을 쏘아 즉사케 한 다음 자기도 가슴에 1발을 쏘아 중상을 입고 방금 '적십자 병원'에서 입원 가료 중에 있는데 조사에 의하면 이들은 지난 24일 물품 구입차 서울에 올라와 25일까지 귀대하라는 명령을 어긴 관계로 부대에 가면 기합받을 것이 무서워 사전에 같이 자살할 것을 결심했다는 것이다.

기사에 귀대일자가 25일로 되어 있으니 어쩌면 이등병인 두 사람은 구매할 물자를 구입하지 못해 방방 뛰다가 그만 날짜를 넘겼을지 모른다는 생각이 든다. 병장쯤 되었다면 그냥 귀대하여 구매하려는 물자가 없었다고 둘러댈 수 있을지 모르나 이들은 이등병이었다. 혹시 어떻게든 구해보려고 하다가 날짜를 어긴 것이 아닐까 하는 생각이 들지만 기사에는 자세한 말이 없다.

기합이란 말은 군인 사회뿐 아니라 초중고에서도 흔히 쓰는 말이다. 선생님이 학생들을 기합 주었다가 동영상으로 찍혀 구설에 오르거나 기합이 지나쳐 폭력 교사로 낙인찍히는 경우도 많다. 『표준국어대사전』에서는 기합을 어떻게 풀이할까?

❋ 기합01氣合〔기합만[-함-]〕

「명사」

1. 어떤 특별한 힘을 내기 위한 정신과 힘의 집중. 또는 그런 집중을 위해 내는 소리. '기 넣기'로 순화.
2. 군대나 학교 따위의 단체 생활을 하는 곳에서 잘못한 사람을 단련한다는 뜻에서 정신적·육체적 고통을 가하는 것. '얼차려'로 순화.

일본 국어대사전 『다이지센大辭泉』에서 기합을 보자.

❋ 氣合い

1. 精神を集中させて事に当たるときの氣持ちの勢い. また, そのときの掛け聲.
2. 精神がたるんでいるなどとして, しかりつけたり體罰を加えたりする. もと, 軍隊で用いられた語.

번역은 한국의 국어사전이 그대로 베껴놓았으므로 생략한다. 다만 여기서 주목할 점은 "もと, 軍隊で用いられた語", 곧 "원래 이 말은 군대에서 쓰던 말"이라는 부분이다. 그러면 그렇지 일본군국주의가 '기아이(기합)'를 주지 않을 리가 없다. 기합을 줘도 보통 수준은 넘었을 것이다. 특히 태평양전쟁 때 강제 동원된 조선 젊은이들에게 가한 '기합'은 상상을

초월했을 성싶은데 어찌된 것인지 일제는 일본 잡지『모던 일본』조선판 1940년 편에서 조선 청년들을 '기합 없이 매우 사랑한 것처럼' 미사여구로 포장하고 있다.

이 잡지를 보면「지원병 훈련소 방문기」라는 네 쪽짜리 기사가 있는데 229쪽에, "홍아興亞의 성업을 달성하고자 하는 염원으로 가슴의 피가 끓어 오르는 조선 청년들은 2,500만의 총의를 대표하여 홍아건설을 위하여 전쟁터에서 일장기 하에 장렬하게 싸울 것임에 틀림없다. 반도의 젊은이들이 가슴에 품은 애국의 정을 맘껏 발산할 때가 온 것"이라고 하면서 "훈련소에는 300명의 생도가 있다. 이번이 4기생으로 이미 훈련을 마친 1, 2, 3기생 400명과 합하여 1,000명의 병사를 곧 전장으로 내보낼 것이다. 강당 뒤쪽의 숙사를 둘러보니 한 반에 50명씩 6반으로 나뉘어져 있다. 이들은 초년병 시절의 고생 없이 모두 자유롭게 훈련을 시작한다. 아침 여섯시에 기상하여 황궁과 이세신궁을 향해 절을 하고 황국신민의 서사 제창, 황국신민 체조를 마치고 식탁에 앉아 이타다키마스(잘 먹겠습니다)를 외친다"는 길고 지루한 미사여구가 끝이 없다. 정말 조선인 지원병 훈련소가 이런 분위기였다면 기합은 상상할 수 없는 온화한 분위기다.

이 잡지책은 내지인內地人들을 위해 조선의 정세를 알린다는 미명하에 관 주도로 만들어진 일본어 잡지다(당시는 일본을 내지라고 하여 일본인을 내지인으로 불렀고 조선인은 반도인이라 불렀다). 조선 땅에 와보지 않은 일본 식자층들이 이 잡지를 읽으면 '조선 청년의 온화한 훈련병 생활'과 같

최악의 식민지 시대, 뽀얀 분단장한 기생을 내세워 조선이 살 만한 것처럼 선전하는 잡지 『모던 일본』 조선판 1939년 편.

은 가증스러운 기사에 감동할 것이며 대일본제국의 '조선 정책'을 자랑하고 싶을 것이다. 그러나 조선 출신 징병자들은 태평양의 이름 없는 섬에서, 바다에서 무참히 총알받이로 죽어갔으며 불귀의 객이 되어 야스쿠니 신사에 강제 합사된 숫자만도 2만 1,000명에 이른다.

'기합'이란 말이 일본 군대에서 유래한 것이라면 일본 병사와 조선 병사 가운데 누구에게 기합을 더 주었을까? 묻지 않아도 뻔한 노릇이다. 치욕스런 일본 말 찌꺼기보다는 '얼차려' 같은 순화어를 쓰도록 하되, 더 좋기는 물리적인 혼쭐보다는 정신적인 감화 쪽이 효과적이지 않을까?

'지카다비'를 신고 탄광 노동에 시달리던 조선인

가도 가도 붉은 황톳길

숨막히는 더위뿐이더라

낯선 친구 만나면

우리들 문둥이끼리 반갑다

천안 삼거리를 지나도

수세미 같은 해는 서산에 남는데

가도 가도 붉은 황톳길

숨막히는 더위 속으로 절름거리며

가는 길.

신을 벗으면

  버드나무 밑에서 지카다비를 벗으면

  발가락이 또 한 개 없어졌다.

  앞으로 남은 두 개의 발가락이 잘릴 때까지

  가도 가도 천리千里, 먼 전라도 길.

● 한하운, 「소록도 가는 길」

인터넷 상에서 한 누리꾼이 한하운의 시에 나오는 '지카다비' 에 대해 물었다. 그러나 답글이 모두 시원찮다. 도대체 '지카다비' 는 무엇일까? 문둥이 시인으로 알려진 한하운은 본명이 태영泰永이고 함경남도 함주 출생이다. 중국 베이징 대학 농학원을 졸업한 뒤 함남도청에 근무했으나 문둥병이 재발해서 사직했다. 그는 1949년에 자신의 처지를 담담히 엮어낸 『한하운 시초詩抄』, 『보리피리』 등을 통해 천형天刑의 병고를 구슬프게 읊어 많은 사람의 심금을 울렸다. 왜 문둥병을 하늘이 내린 형벌이라 했을까? 몸이 썩어 들어가고 문드러지는 병에 걸렸을 때의 그 절망과 아픔을 성한 우리로서는 알 수 없다. 다만 그가 노래한 시를 통해 짐작해볼 뿐이다. "버드나무 밑에서 '지카다비' 를 벗으면 발가락이 또 한 개 없어지는 병"은 지금이나 그때나 슬픈 병이다.

여기서 지카다비地下足袋는 일본 말이며 우리말로 하면 '신발 겸용 버선' 이다. 앞에 있는 지카地下를 빼고 다비足袋만을 말하면 우리의 버선에

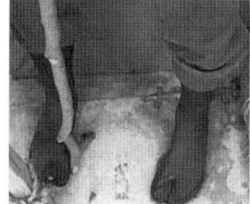
지카다비를 신고 탄광노역에 시달리던 조선인들.

2010년 8월 11일에 조선인 강제노역의 현장인 교토 단바 망간 탄광 입구에서 한일평화답사단과 함께.

해당한다. 한하운 시인이 살던 시기는 지금처럼 양말도 신발도 흔치 않던 시대다. 양말을 신고 그 위에 구두를 신는 요즈음은 지카다비를 살던 시대에 비하면 호강이다. 버선 밑바닥에 얇은 고무를 깔아서 따로 신발을 신지 않아도 되는 이른바 신발 겸용 버선은 예전에 흙일이나 노동을 할 때 일본인들이 신던 신이다. 지금은 이 지카다비를 일본 축제인 마쓰리 때 가마꾼들이 주로 신는다. 한자로 地下라고 쓴 것은 곧바로 직접 버선발을 땅에 댄다는 일본 말 지키直,じき가 변해서 지카直,じか가 되어 '지카'와 소리가 같은 地下라는 한자를 쓰게 된 것이다.

지카다비라는 말을 들으면 나는 교토의 단바 망간 탄광을 잊을 수가 없다. 이곳은 강제 연행된 조선인들이 망간을 캐던 곳으로, 현재는 기념관으로 활용되고 있다. 교토 시 우쿄右京 구 게이호쿠시모나카京北下中 정에 있는 단바 망간 기념관을 찾은 것은 2010년 8월 11일 수요일 오전으로, 이 해는 국치 100주년이다. 치욕스런 역사를 되풀이하지 않게 되기를 바라는 뜻에서 한일평화역사단 마흔다섯 명을 꾸려 당시 조선인 강제 노동 현장을 찾아간 것이다. 지카다비를 신고 이 탄광에서 허리 한 번 펴지 못하다가 진폐증으로 죽어간 조선인들의 노역 현장은 차마 눈 뜨고 볼 수 없을 정도로 처참하고 열악한 환경이었다.

이 기념관을 세운 사람은 경상남도 김해 출신의 이정호 씨로, 그는 오랜 탄광 생활 탓에 진폐증에 걸려 고생하다 1995년 예순세 살의 나이로 세상을 떴다. 가혹한 탄광 노동을 몸소 겪은 그는 젊은 나이로 끌려와 중노동 끝에 죽거나 해방 후에 헌신짝처럼 내팽개친 동포를 위해 그들을 기억하는 장소로 삼고자 죽기 6년 전인 쉰일곱 살 되던 해에 이 기념관을 세웠다. 기념관 한쪽 구석에 무거운 망간을 짊어진 채로 지카다비를 신고 있는 밀랍인형 앞에서 오래도록 눈을 떼지 못한 기억이 새롭다.

한하운 시인이 길가 버드나무 그늘 아래 앉아 "지카다비를 벗고 문드러진 발가락"을 바라다보는 모습을 상상하며 또다시 가슴속의 병이 도지는 아픔을 맛보았다. 지금 쓰지 않는 말이지만 누군가 한하운의 시에서 이 말을 만나거든 우리의 아픈 과거를 나타내는 말임을 기억했으면 한다.

백 년 된 교토의 '표구점' 앞에
천 년의 자존심이 구겨진다

서울 낙원동에서 40년 넘게 전통 표구 작업을 해온 이효우(69) 낙원표구사 대표는 옛 사람들이 시나 편지를 쓰는 데 사용한 작은 종이인 시전지詩箋紙 수집가다. 전남 강진의 병풍을 제작하는 집안에서 자란 그는 10대 때 상경해 인사동 표구사에 들어가 일을 본격적으로 배웠다. 국내 몇 안 되는 장황(裝潢·비단이나 두꺼운 종이를 발라서 책이나 화첩, 족자 등을 꾸미는 일) 장인이자 고서화 수리·복원 전문가인 그가 시전지 수집을 시작한 것은 20년 전, 조선 후기 문인 이복현의 편지지를 보고 반하면서부터다.

● 『국민일보』 2010년 11월 15일

이 글에 보면 표구라는 말이 많이 나온다. 그러고 보니 집 주변에 있던 표구집이 하나둘 사라져 요즈음엔 인사동에나 가야 구경할 수 있게 되었다. 표구집이 동네마다 있었다는 것은 붓글씨건 그림이건 표구를 맡기는 사람들이 있었다는 이야기인데 요즘은 표구 그림보다 멋진 사진이나 현대적 감각으로 디자인된 그림들이 옛 그림 자리를 차지하고 있다.

그림 하면 따라다니는 '표구表具'라는 말은 어디서 유래한 것일까? 『표준국어대사전』을 살펴보자.

❁ 표구表具

「명사」

그림의 뒷면이나 테두리에 종이 또는 천을 발라서 꾸미는 일.

하지만 결론부터 말하자면 이 말은 일본 말에서 온 것이다. 『조선왕조실록』을 보면 알 수 있다. 『중종실록』 83권, 31년(1536년)에 다음과 같은 부분이 있다.

이용의 글씨가 있으면 매우 좋겠는데, 이 글씨는 오래 되어서 내장內藏에도 보이지 않는다. 이제 여염에서 구하여 미리 표구하였다가 주어야 하겠는데, 여염에서도 얻을 수 없고 줄 만한 다른 글씨가 없으면, 성종의 어필御筆을 주더라도 괜찮겠는가?

鎔書有之則甚善. 此書舊矣, 其於內藏, 亦不見之. 今可求於閭閻間, 預爲粧 䌙而給之. 閭閻間亦不可得, 而無他書可給, 則雖以成廟御筆給之, 亦爲可 乎?

국역본에 '표구'라는 말이 나오는데 이는 원문의 '장황粧䌙'을 번역한 것이다. 장粧 자는 단장할 장이요, 황䌙 자는 줄로 동일 황이다. 이로써 표구를 의미할 때 장황이라 썼음을 알 수 있다. 또한 『고려사절요』나 이덕무의 『청장관전서』에도 장황이 나온다. 『청장관전서』 제57권 「앙엽기盎葉記」 4의 「도서집성圖書集成」에 보면, "금상今上이 병신년(1776, 정조 1)에 사신부사副使 서호수徐浩修에게 명하여 이 도서집성을 비싼 값으로 사오게 한 다음 '장황裝䌙' 하여 개유와皆有窩에 쌓아두었다"라는 구절이 그것이다.

그런데 웃지 못할 일은 『도서집성』 국역본에서는 장황에 대해서 "책이나 서화첩書畫帖이 파손되지 않도록 잘 꾸며 만드는 일, 즉 오늘날의 표구表具와 같다"고 풀이해두었으니 오늘날 우리가 장황이란 말을 잊고 살다 보니 표구라는 일본 말로 전에 쓰던 장황을 설명하는 꼴이다. 이 말에 대해 깊이 생각한 국어학자 한 사람만 있었어도, 아니 국어사전 만드는 이 가운데 한 사람만 있었어도 표구가 우리말인 양 버젓이 행세하는 일은 없었을 것이다.

우리가 지금 말하는 표구에 대한 기록 가운데 이른 시기 자료로는 『삼천리』 제12권 제7호, 1940년 7월 1일자 「예술가의 생활초」라는 글이 있다.

이 글은 「탄금도제작기彈琴圖製作記」를 쓴 화가 최목랑의 5월 19일치 일기로, 여기에 표구가 보인다.

오늘은 일요일이라 아침부터 그림틀額을 짜다. 전번 표구점表具店에 물어 보았드니 25원圓을 내라고 한다. 이대로 내가 짜면 10원圓 내외로 될 것이기에 한 시時가 아까우나 내가 짜기로 한 것이다. 내일까지 봉선화鳳仙花는 완성하야 출품하기로 결심하다.

여기서 화가는 표구점에 맡길 돈 25원을 절약하기 위해 손수 그림틀(액자)을 만들었다고 한다. 벌써 이 무렵에는 표구라는 말이 한국에 들어와 있음을 알 수 있다. 장황이란 한자 말이 표구보다 어려워서였을까? 왜 표구점 대신 장황점이라 하지 않았는지 궁금하다. 일본 국어대사전 『다이지센』에서는 표구를 뭐라고 풀이했을까?

● ひょうぐ【表具】
紙・布などをはって，卷物・掛け物・帖・屛風・ふすまなどに仕立てること．表裝．

번역하면 "효구: 종이, 옷감 등을 붙여서 두루마리, 족자, 첩, 병풍, 장지문 등을 만드는 일, 표장"이다.

그렇다면 일본의 표구 역사는 얼마나 될까? 자존심 하나로 먹고사는 100년 전통을 가진 교토 야마기타코운도山北光運堂 표구점 누리집에서는 "표구는 먼 아스카 시대의 불교 전래와 함께 건너온 두루마리용 경전에서 유래한다. 이어 불화佛畵에도 표구가 쓰였다"고 밝히고 있다.

아스카 시대란 서기 592년부터 710년까지 118년간을 말하며 538년에 백제에서 불상, 경전 등이 전해져 일본에 불교가 공인될 무렵의 시기다. 그리고 보면 표구와 불교는 매우 밀접한 관계에 있다. 두루마리용 경전이나 불화 등도 표구를 하지 않고는 안 된다. 백제에서 불교가 전해진 시기를 표구의 원년으로 잡는다면 표구의 시발점은 한반도가 한 발 빠르고 한 수 위다.

2010년 10월 12일부터 11월 21일까지 국립중앙박물관에서는 '고려 불화 대전 – 700년 만의 해후' 라는 전시회가 열려 많은 사람들이 고려 불화의 고갱이(진수)를 맛보게 되었다. 특히 일본 센소사淺草寺 소장 〈수월관음도〉 앞에서 많은 이들이 발걸음을 멈췄는데 나는 이때 그림도 그림이지만 표구 부분을 유심히 관찰했다. 한국, 일본, 프랑스, 미국, 러시아 등 총 마흔네 군데에 흩어져 있던 고려 불화는 세계에서 찬사를 듬뿍 받고 있는 작품들로, 다른 나라도 마찬가지지만 특히 이웃 나라인 일본에 이러한 수준의 불화가 있다는 이야기를 들어본 적이 없다. 그만큼 고려 불화는 독보적인 가치를 가진 불교 신앙의 알맹이요, 예술품이다. 물론 표구 기술도 함께 말이다.

우리나라 사람들은 1,000여 년 이전부터 불화를 그렸던 만큼 장황(표구) 실력 또한 대단했다.

    이러한 뛰어난 예술을 만들어낸 겨레가 일본에서 '표구' 라는 말을 수입해다 쓰는 것은 부끄러운 일이다. 다만 예전부터 쓰던 장황裝䌙이란 한자가 좀 어려운 말임은 틀림없다. 그렇다고는 해도 국립국어원은 『표준국어대사전』에 "표구表具: 그림의 뒷면이나 테두리에 종이 또는 천을 발라서 꾸미는 일"이라고 일본 사전을 베끼는 것으로 할 일을 다한 것처럼 하지 말고 과거에 쓰던 '장황'이란 말도 소개해야 할 것이다. 더불어 세계적으로 인정받고 있는 고려 불화의 장황 등도 소개했으면 좋겠다.

 100년 된 표구점을 자랑스럽게 여기는 교토의 자존심 앞에 1,000여 년의 자존심이 구겨지는 현실을 바로 표구라는 말이 보여준다. 다만 이 시점에서 장황이란 한자 말이 어려운 말이니, 이참에 국민들에게 토박이말을 공모해서 '표구'를 바꿔 보는 것은 어떨지 제안한다. 참고로 장황이란 한자는 『청장관전서』에서는 裝潢, 『조선왕조실록』에서는 粧䌙으로 쓰였음을 밝힌다. 또한 배접褙接이란 한자 말도 있는데 『표준국어대사전』에서는 "종이, 헝겊 또는 얇은 널조각 따위를 여러 겹 포개어 붙임"으로만 풀이할 뿐 이것이 예전의 장황처럼 화첩이나 족자를 꾸미는 일이라는 설명은 없다. 표구가 장황과 배접을 몰아내고 자리 잡았다.

고대에 직물 기술이 한 수 위였던
한국에 '기모' 바지가 판치다

애들은 날씨가 추워지면 톡톡한 기모 바지 하나 입혀 놓으면 겨울 걱정 안 해도 되지요. 바지는 고무줄 바지가 편하더라고요. 기모 바지는 조금 싼 것도 있던데 인터넷으로 주문하는 거라서 가격에 조금 신경 써야 합니다. 우리 딸은 4살인데 9호 입힙니다.

●인터넷 포털 다음

날씨가 추워지면 엄마들이 아이들 옷에 신경을 쓰게 된다. 예전에 친정어머니는 올망졸망한 자식들이 행여 추울세라 초가을에만 들어서면 손수 스웨터 짜기에 바쁘셨던 기억이 새롭다. '기모 바지'라는 말처럼 요즈음

기모를 이용한 제품이 부쩍 눈에 많이 띈다. 등산복부터 스타킹, 양말, 목도리까지 기모의 쓰임새가 날로 개발되는 느낌이다.
『표준국어대사전』에서는 기모를 뭐라고 풀이할까?

❀ 기모04 起毛

「명사」『수공』
모직물이나 면직물의 표면을 긁어서 보풀이 일게 하는 일.

어린 학생들이 이 설명을 읽는다면 '왜 옷감의 표면을 보풀게 하는 걸까' 하는 의구심이 들 것만 같다. 나 같은 어른도 그런 생각이 드는데 말이다. 그런데 이 풀이에는 일본 말이라는 말이 없다.
국가기관이 아닌 민간에서 만든 『다음 백과사전』을 보면 『표준국어대사전』보다 훨씬 자세히 설명해놓고 있다.

모직물 · 면직물에서 피륙의 날 또는 씨에 보풀을 일으키게 하는 일. 이것은 피륙을 부드럽게 만들어 그 보온성을 더하며, 잔 보풀로 짜거나 엮어 외관을 아름답게 하려는 데에 목적이 있음.

기모란 한마디로 보온과 멋 내기를 위한 옷감 가공법의 한 종류임을 알 수 있다. 『일본대백과사전』에서는 어떻게 풀이할까?

織物, あるいはメリヤスの仕上げ方法の一つで, その表面または兩面に, 組織された纖維をかき出して毛羽を起こし, 生地を厚くするとともに, 觸感を柔らかくし, ときには保溫力を增加させる方法. 織物組織からみると, 緯絲よこいとに甘撚あまよりの絲を使い, 表面に緯絲を多く出すように織ったのち, 毛羽立ちさせるのが普通である. 起毛するには, 古くはアザミの實チーゼルともいうを使い, その刺とげ先で織物の表面を何回もこすって毛羽を立てた.

　이 풀이를 『다음 백과사전』이 인용했다. 다만, 일본 사전의 끝 부분에 있는 '기모를 하려면 예전에는 엉겅퀴 열매를 사용하여 뾰족한 가시로 옷감 표면을 여러 번 문질러 털을 세웠다' 는 풀이가 이 사전에 없을 뿐이다.

　그런데 『표준국어대사전』에 '기모' 가 일본 말이라는 표시가 없기에 확인 차 기모의 말밑(어원)을 국립국어원에 질문했는데 다음과 같은 답변을 받았다. "기모는 그 원어가 한자어이며 이 말이 순화어 목록이나 일본어투 용어 순화 자료 등에서 검색되지 않아 이 말을 일본에서 들어온 말로 볼 근거가 없습니다."

　참으로 무책임한 답변이다. 특히 '원어가 한자어' 라는 말은 무엇을 말하는지 독자들은 언뜻 이해가 가지 않을 것이다. 이해를 돕기 위해 보충 설명을 하자면 우리말에는 한자어로 된 말이 많다. 예컨대 '대절(貸切, 가시기리), 추월追越, 택배宅配, 고발(告發, 고쿠하쓰)' 같은 말이 있는데 이 말은 모두 일본 한자에서 들어온 것이다. 그런가 하면 의병義兵, 왕대비王大妃, 경운궁慶運宮 같은 말도 한자어인데 이런 말들은 예전부터 쓰던 것이다. 조선 시대부터 쓰던 한자어라고 해서 그냥 쓰고 일본 한자라고 해서 쓰지 말자는 이야기가 아니다. 어느 경우나 우리의 토박이말을 만들어 쓰면 좋겠다는 뜻이지만 그러기 위해서는 말의 유래와 그 뜻을 국어사전이 잘 설명해 주고 걸러주어야 한다는 점을 지적하는 것이다.

 기모에 대해 물어봅니다

이윤옥(2010. 11. 1)

국립국어원 『표준국어대사전』에는 '기모'가 아래와 같이 설명되어 있습니다. 이 말은 원래 우리말인가요? 아니면 일본어에서 들어온 말인가요? 빠른 답 기다립니다.

기모04起毛
「명사」『수공』
모직물이나 면직물의 표면을 긁어서 보풀이 일게 하는 일.

기모의 유래를 묻는 내 질문에 국립국어원은 '원어가 한자어'라는 모호한 답을 해왔다.

답

안녕하십니까?
'기모'는 그 원어가 한자어이며 이 말이 순화어 목록이나 일본어투 용어 순화 자료 등에서 검색되지 않아 이 말을 일본에서 들어온 말로 볼 근거가 없습니다.

다시 기모 이야기로 돌아가자. 일본에서 기모가 등장한 것은 에도 후기江戶 後期, 1603~1868 때로 와카야마和歌山 현 기슈紀州 지방에서 유행했다. 당시에는 면직물을 보풀게 하려고 소나무 잎사귀나 바늘을 다발로 묶어서 직물 표면을 긁어냈다.

그러던 것이 근대에 들어서면서 기모 기계가 등장했다. 이때 엉겅퀴 열매를 드럼통에 넣어 기모용으로 쓰는 방법과 기모용 바늘을 이용한 침금기모기針金起毛機, 나이론브러시기모기ナイロンブラシ起毛機 같은 것들이 등장하게 된다. 기모 공정에는 건조 기모乾燥起毛와 습윤 기모濕潤起毛 방법이 있으며 습식은 건식에 견주어 기모 효과가 좋아 면플란넬(앞뒤 모두 보푸라기 처리)이나 방모紡毛 직물 등에 이용된다고 한다.

이에 견주어 한국에서는 옷감을 보풀게 하던 '기모'라는 말이 기록에 보이지 않는다. 다만, 1959년 3월 한국데이터베이스 해방이후사 자료 편

 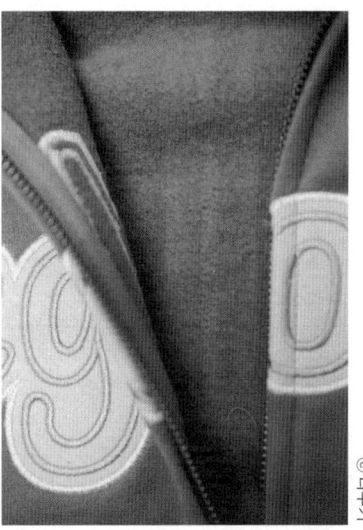

추울 때 자주 쓰는 기모는 에도 시대에 등장한 직물로 엉겅퀴 열매로 면직물을 긁어 보풀게 한 옷감이다.

에 '서울起毛工場 서울시 종로구 장사동 87 섬유공업'이란 기록이 보일 뿐이다. 아마도 일본의 기모 공장이 1950년 전후에 한국에 들어와서 옷감을 만들어내면서 기모라는 말이 생긴 것이 아닌가 추정된다.

2004년 6월 7일치 『산케이신문』은 엉겅퀴 꽃을 기사에 실었다. 직물 산업으로 유명한 오사카 남부 기시와다岸和田 시의 한 농원에서 재배하고 있는 엉겅퀴 꽃이 연보랏빛으로 피어 있는데 이곳은 한때 '기모' 생산지로서 영화를 누린 곳이라는 것이다. 이곳뿐 아니라 센슈泉州 지방에도 고급 기모 생산용 엉겅퀴를 대량 재배했으나 지금은 섬유산업의 쇠퇴와 기모 기계 보급으로 엉겅퀴를 거의 재배하지 않는다고 한다. 다만, 일부 농장에서 일찍이 섬유산업의 상징이던 기모용 엉겅퀴를 보러 오는 관광객을 위해 재배하고 있다고 보도했다.

사실 기모라는 옷감은 역사가 그리 길지 못하다. 고대 조선의 직물 기술이 근대 직물 산업의 산물인 기모보다 한 수 위였음을 알리는 기록이 있다. 천년고도 교토를 개척한 사람들이 고대 조선인이었음을 알리는 기록이 그것이다. 1992년 발간된 『일본사원총람』 광륭사 편에서는 하타秦씨에 대해 다음과 같이 소개하고 있다.

> 일본 정사에 따르면 백제에서 건너온 궁월군弓月君의 후손 하타씨는 백성 1만 8,000여 명을 모은 다음 누에를 쳐서 비단을 만들었는데 비단의 양이 산더미를 이루었으며 이를 천황에게 바쳐 '우즈마사禹豆麻佐'라는 성씨를 내려 받았고, 이들은 교토를 중심으로 세력을 키웠다. 이것이 뒤에 땅 이름이 되어 '우즈마사太秦'로 불리게 된 것이다.

일본 말로 하타はた는 한자로는 秦, 機, 服, 綿을 가리키는 말로, 하타씨 가문 연구 권위자인 이노우에 미쓰오井上滿郎 교수도 저서 『도래인渡來人』에서 고대 조선인이 직조술에 뛰어난 사람들임을 언급했다. 황실의 옷감을 대던 하타씨가 교토의 경제권을 쥐고 흔들며 마침내는 백제 여인 고야신립高野新笠, 720~790의 아들 간무천황桓武天皇, 737~806을 즉위하게 하는 원동력이 될 정도로 일본 역사상 직물과 왕실, 경제권은 매우 밀접한 관계에 있었으며 그 중심에 고대 조선인들이 존재했음을 일본의 사서들은 앞다투어 기록하고 있다.

이처럼 일찍이 직조 기술을 가지고 일본에 건너간 하타씨의 조상을 둔 우리다. 설사 근대에 일본인들이 보푸라기 기술로 만든 '기모'가 우수하다고는 하지만 적어도 이 말의 유래라도 국민의 혈세로 유지되는 국립국어원은 또렷이 밝혀주었으면 한다. 더 바라는 것은 기모같이 뜻이 분명히 와닿지 않는 말보다는 '보푸라기' 또는 '보풀이(보푸리)' 같이 부르기에도 아름다운 우리말로 고쳐 불렀으면 하는 바람이다.

'동장군'은
일본 사전을 베끼다 말아

지역 발전을 위하여 불철주야 노력하시는 귀하께 감사의 말씀을 드립니다. 여러분의 뜨거운 성원과 격려로 제9회 포천 동장군 축제를 개최하게 되었습니다. 포천시의 적극적인 지원과 마을 주민들의 땀과 열정을 담아 이동면민 전체가 단합된 마음으로 함께 함은 물론 포천시와 경기도의 대표축제로 손색이 없도록 하기 위해 최선의 노력을 다했습니다. 바쁘신 와중에도 참석하시어 동장군 축제가 더욱 발전하길 기원해주시고 격려해주시길 바랍니다.

이는 포천 동장군 축제 누리집 안내문이다. 벌써 동장군 잔치(축제)를 9회

동장군이란 말은 모스크바 원정에 나선 나폴레옹이 겨울 혹한과 눈으로 실패한 데서 유래한 말이다.

째나 열고 있다. 한겨울 몹시 추울 때 '동장군이 맹위를 떨친다' 라는 말을 흔히 듣게 된다. 한자로 '冬將軍' 이라고 쓰는 이 말은 대체 어디서 온 것일까? 『표준국어대사전』에는 짧은 설명이 전부다.

❋ 동-장군冬將軍[동:—]

「명사」

겨울 장군이라는 뜻으로, 혹독한 겨울 추위를 비유적으로 이르는 말.

민족 자존심을 해치는 말

언제부터 쓰기 시작했는지 또 어디서 유래했는지를 알고 싶어 하는 사람에게는 이 풀이가 별로 도움이 안 된다. 결론부터 말하면 이 말은 일본에서 쓰기 시작한 말을 들여온 것이다. 일본 국어사전 『다이지센』에서는 어떻게 풀이하고 있을까.

● ふゆしょうぐん【冬將軍】
モスクワに遠征したナポレオンが、冬の寒さと雪が原因で敗れたところから冬の嚴しい寒さをいう語。また、寒くて嚴しい冬のこと。

번역하면 "후유쇼군: 모스크바를 정복(원정)하러 간 나폴레옹이 겨울 혹한과 눈으로 실패한 데서 유래한 말로 겨울 혹한을 이르는 말. 심한 겨울 추위 그 자체"라는 뜻이다.

우리 사전과의 차이를 독자들은 금방 알아차릴 것이다. 이것도 모자라 백과사전인 위키피디어 일본판에서는 이 말의 유래를 해설, 어원, 역사라는 세 항목으로 나누어 자세히 설명해두어 일본어를 할 줄 아는 사람이라면 누구나 동장군에 대한 의문쯤은 간단히 풀 수 있다. 사전이란 국민이 궁금한 것을 풀어줘야 하는 것임에도 국립국어원의 『표준국어대사전』에서 "동장군은 겨울 장군이다"라는 식으로만 풀이하는 것은 우습다 못해 창피스럽기까지 하다. 다른 말들은 착실히 잘 베끼면서 동장군은 왜 베끼다 말았을까?

일본 위키피디어의 설명을 좀 더 보자.

일본에서는 동장군이 도래하면 일본해 쪽으로 심한 폭설이 내리며 태평양 쪽에서는 건조한 북서풍이 불어온다. 도쿄 쪽은 표고가 높아 폭설이 내리는 경우는 드물다. 그러나 태평양과 일본해가 맞닿은 나고야 – 스루가 지역은 길게 복도식 지형으로 이부키(伊吹) 산지가 통로가 되어 이 지역에 폭설을 뿌린다. …… 동장군이 도래하면 기온은 10도 이하로 내려가며 …… 차가운 북극기단을 직격으로 맞는 곳이 이 지역이다.

해설과 함께 유래도 자세히 나와 있다.

러시아는 많은 나라로부터 군사 공격을 받았는데 러시아의 겨울 추위로 인해 과거 여러 번 외국 군대가 실패한 역사가 있다. 동장군의 어원은 1812년 러시아 전투에서 프랑스 군이 패퇴한 것을 보고 영국 기자가 'general frost'라고 말한 데서 유래한다. 러시아는 기후의 이점을 살려 18세기 대북방전쟁, 19세기 나폴레옹전쟁, 20세기에 들어 독일과의 전쟁 등에서 승리한 전적을 갖고 있다. 그러나 13세기 때 몽골군 침략 때는 모스크바와 키예프가 몽골에 점령당한 적이 있는데 아마도 러시아 추위보다 몽골 추위가 더했던 모양이다.

이쯤 해두지만 이 사전을 읽고 있다 보면 무슨 역사책이라도 읽는 듯 흥미롭다. 말밑(어원) 설명이 이렇게 자세하다면 국어 사랑도 깊어질 것이다. 1812년 영국 기자가 말한 'general frost'에서 general은 일반적인이란 뜻도 있지만 미 육군·공군·해병대, 영국 육군의 대장大將, 장군將軍을 뜻하며, frost는 서리나 추위를 뜻하므로 '추위대장' 쯤으로 번역해도 될 법한데 장군(쇼군, 사무라이) 문화 700년을 거친 일본인에게는 대장보다는 장군의 이미지화가 훨씬 빨리 와닿았을 것이다.

선비 문화 600년을 거친 조선인에게 general frost를 번역하라 했으면 '대감 추위' 정도로 붙이지 않았을까? 번역어가 문화적, 역사적 배경을 깔고 생겨남을 여실히 보여주는 대목이다. 조선 시대는 지구온난화란 말도 없을 때인데, 이 괴상한 말 '동장군'이 뭐라 쓰였을까 궁금하다.

먼저 추위를 노래한 시 한 편을 감상해보자. 조선 중기 한문 사대가 가운데 한 사람인 계곡谿谷 장유張維, 1587~1638 선생의 시문집 『계곡집』에 「차운한 시次韻」가 나온다.

현명의 포악함을 막을 수 있나	不奈玄冥虐
손이까지 게걸스레 덤벼드누나	仍愁巽二饕
가난한 집안 살림 아내 그저 말라가고	家貧妻只瘦
떨어진 옷 입혔다고 딸년 내내 눈물 짜네	衣弊女長號
수북이 쌓인 눈에 울타리 훨씬 낮아지고	積雪籬根短

가지 끝에 높이 달려 빛나는 아침햇살	晨曦樹杪高
고약한 운자韻字 달아 화답하느라	和詩拈惡韻
꼼짝없이 앉아서 머리 쥐어 짜냈노라	凝坐費搜牢

❋ 현명 : 형살刑殺을 담당하는 북방의 신神으로 동장군冬將軍을 말한다.

❋ 손이 : 바람을 맡은 귀신

  여기서 '현명玄冥'이란 말의 뜻을 독자가 모를까 봐 동장군冬將軍이란 설명을 붙이고 있다. 국역본 낱말 설명에 나온 동장군은, 그러나 이 한시가 쓰인 당시 사람들에게는 쓰이지 않던 말이다. 그 대신 16세기 조선인들은 북쪽 지방의 살煞인 담당 신神 '현명'을 들어 살인적인 추위를 표현하고 있다.

  동장군이 확인되는 이른 시기의 기사로는 『동아일보』 1948년 10월 15일치에 실린 「동장군冬將軍이 문門 앞에 2주간二週日 빠른 서울의 냉기冷氣」라는 글을 시작으로 1962년 11월 23일치 「노怒한 얼굴 내민 동장군冬將軍 한기寒氣 든 서울의 체온體溫 빙점하氷點下 6度 6分」라는 기사 등 스물여덟 건이나 된다. 여기에 나오는 동장군 관련 기사를 살펴보면 일본처럼 영하 10도를 기준으로 하지 않고 10월 9일부터 2월 26일까지의 추위를 동장군이라 부르는 게 흥미롭다.

  요즈음 한국에서 추울 때, 일본 말 후유쇼군(동장군)을 빼놓고 달리 겨울 추위를 말할 낱말이 없는 것 같다. 쓰지 말라고 하기보다는 유래라도 알고 쓰면 좋겠다. 한 가지 바람은 국어사전의 '동장군=겨울 장군'이란 웃지 못할 해석을 좀 고쳐서 '1812년 러시아 군에 패한 프랑스 군대를 두고 영국 기자가 한 말 general frost를 일본이 후유쇼군으로 쓴 것을 우리가 들여다 지금 쓰고 있다' 라고 정의해주면 속이 후련할 것 같다.

 동장군의 어원

최경민(2012. 2. 28)

올 겨울은 그다지 춥지 않아서 '동장군' 이란 말이 별로 안 쓰였는데요. 국어사전에 보면

동-장군冬將軍 [동:—] 「명사」
겨울 장군이라는 뜻으로, 혹독한 겨울 추위를 비유적으로 이르는 말.

이라고 나와 있는데, 이 말의 어원을 알고 싶습니다. 혹시 일본 말에서 왔나요?

국립국어원은 동장군의 어원을 묻는 사람에게 모르겠다는 답을 하고 있다.

답

안녕하십니까?

'동장군'의 어원에 대한 해석은 분분하며, 단어의 어원을 정확히 안다는 것은 어려운 일입니다. 질의하신 것과 관련하여 어원 자료 및 어휘 관련 자료들을 살펴보았지만, '동장군'이 우리나라에서 발생한 단어인지, 일본에서 들어온 말인지는 찾을 수 없었습니다. 문의하셨는데 도움을 드리지 못하여 죄송합니다.

'간벌'로 황폐해진 조선의 산

국내 포도 재배는 조기 증수를 목적으로 한 계획 밀식재배로 재식 4~5년 차부터는 간벌을 해야 함에도 불구하고, 초기 밀식된 재식주수를 경제성이 떨어질 때까지 그대로 유지하여 꽃떨이 현상 등의 밀식장해가 발생하고 있다. 특히 농가에서는 간벌을 하면 수량이 감소된다고 생각하여 간벌을 기피하고 있으나 간벌 시 주지연장지를 활용하면 간벌에 의한 수량 감소는 일어나지 않는다.

●인터넷 포털 다음

귀농을 준비하는 어떤 사람의 누리집에 올라 있는 포도나무 '간벌' 이야기인데, 생소한 말들이 잔뜩 들어 있다. 증수, 밀식재배, 간벌, 재식주수, 밀식장해, 주지연장지 같은 말들은 한글로 적혔을 뿐 그 뜻을 헤아리기가 쉽지 않다. 간벌이라는 말을 『표준국어대사전』에서는 이렇게 풀이한다.

> ❋ 간벌間伐[간ː-]
> 「명사」『농업』
> 나무들이 적당한 간격을 유지하여 잘 자라도록 불필요한 나무를 솎아 베어 냄. '솎아베기'로 순화. ≒소벌疏伐

이런 간단한 풀이만 하고 있을 뿐 말의 유래를 알려주지 않고 있다. 간벌은 일본 말 '간바쓰'에서 온 것이다. 일본 국어대사전 『다이지센』에서는 간바쓰에 대해 이렇게 풀이한다.

> ❋ かんばつ【間伐】:
> 森林や果樹園で, 主な木の生育を助けたり, 採光をよくしたりするために, 適当な間隔で木を伐採すること.

곧, 삼림이나 과수원에서 중심이 되는 나무를 살리고 채광을 좋게 하려고 적당한 간격으로 나무를 벌채하는 일이 간벌이다. 우리말로 '솎아베기'라고 하면 뜻이 분명하고 알기 쉽다.

압록강 유역에서 간벌한 나무들. 1931년 9월 2일치 『동아일보』에 나온 사진.

 간벌이란 말이 한국에서 처음으로 쓰인 예는 주한 일본공사관 기록으로, 1903년(메이지 36년) 6월 13일에 신의주에 있던 외무성 서기 신조 준테이新庄順貞의 자성 방면 시찰 보고서 등에 등장한다. 1903년이면 강제병합 이전임에도 일제는 한반도 구석구석에서 이른바 시찰이란 명목으로 정보를 수집한 것이다. 울창한 나무로 가득 찼던 산에서 간벌이 아니라 싹쓸이하다시피 나무를 베어가 민둥산을 만들어버린 게 그들이다.
 한국인이 쓴 '간벌'이란 말은 개인의 기록인 『관란재일기觀瀾齋日記』에도 등장한다. 일기의 주인공은 1912년부터 1948년까지 36년간 일기를 쓴 용인 원삼면 문촌리 출신 유학자 정관해鄭觀海, 1873~1949로, 관란재는 선생의 호다. 관란재 선생은 일제의 침략 과정에 대해 식민지 백성으로서 직접 보고 느낀 점을 잔잔하게 써내려갔는데 국사편찬위원회에서는 이를 『관란재일기』라는 사료총서로 간행했다. 유감스럽게도 한자로 되어 있어 읽기가 쉽지 않다.

  간바쓰의 한자 소리음인 간벌은 이런 흉물스런 일제 순사 나라 말이다. 두 자인 '간벌'이 네 자인 '솎아베기'로 바뀌면 불편을 호소할 사람들이 생기겠지만 그렇지 않다. '출구'를 '나가는 곳'으로, '회차로'를 '돌아가는 길'로 바꾸어도 불편하지 않은 것처럼 익숙해지면 아무렇지 않은 것이 말글이다. 낱말 하나라도 제 나라 것을 쓰려는 마음이 있다면 문제는 없다.

우리도 옥스퍼드 사전처럼
'쓰나미'라고 해요

일본 도호쿠東北 지방에 사상 유례가 없는 대지진의 재앙이 일어난 2011년 3월 11일, 우리나라 신문과 방송에서는 엄청난 물기둥을 몰고 온 쓰나미가 일본 동북 지방을 싹 쓸어갔다고 대서특필했다. 이웃 나라 일이지만 우리나라도 놀란 가슴을 쓸어내려야 했다. 지진해일이 지나가고 얼마 뒤 일본을 돕자는 성금 물결이 쓰나미처럼 한반도를 달구고 있다는 기사도 등장했다. 겨울에나 모습을 보이는 구세군 자선냄비가 때 아닌 3월에 나타나기도 했다.

　요사이 큰 지진해일을 가리킬 때 스스럼없이 쓰는 '쓰나미'는 어디서 나온 말일까?『표준국어대사전』에는 이 말이 올라 있지 않다. '쓰'란, 노

요새는 큰 지진해일을 가리킬 때 스스럼없이 '쓰나미'라고 말한다.

량진이나 당진에 쓰이는 진津을 일본어로 발음한 것이며, '나미'란, 물결을 뜻하는 한자 파波의 소리음이다. 뜻으로 말하자면 진津 쪽을 향해서 밀려오는 파도나 물결인 셈인데, 정확한 발음은 츠나미つなみ, tsunami에 가깝지만 외래어표기법에 따라 쓰나미라고 쓴다.

일본에서 쓰나미가 보이는 가장 오래된 문헌은 『슨푸기駿府記』로, 1611년

12월 2일 발생한 경장삼륙지진慶長三陸地震 때에 쓰인, "政宗領所海涯人屋, 波濤大漲來, 悉流失す. 溺死者五千人. 世日津浪云々"이라는 기록이다. 지금은 쓰나미를 한자어로 津波 또는 浪라고 쓰지만, 예전에는 海立, 震汐, 海嘯이라고도 썼으며 이것 모두 쓰나미로 읽었다.

영어권에서 가장 오래된 Tsunami 기록은 『내셔널지오그래픽 매거진』 1896년 9월호이며 이후 1904년 지진학회에서 학술용어로 사용되었지만 일반화되지는 못했다. 그러던 것이 1946년 알래스카 알류산 제도에서 일어난 지진으로 하와이에 지진해일의 큰 피해가 발생하자 일본계 이민자들이 'tsunami'라고 하면서 하와이에서 이 말이 쓰이기 시작했다가, 1968년 미국 해양학자 윌리엄 밴 던William G. Van Dorn이 학술용어로 사용하자고 제안해서 국제적으로 쓰이게 되었다.

그런데 국제적인 용어라는 말에 현혹되면 안 된다. 쓰나미는 영국 옥스퍼드 사전에도 올라 있다. 『Oxford Advanced Learner's Dictionary of Current English』에는 쓰나미tsunami 말고도 가라오케karaoke, 스시sushi 등도 올라 있다. 이렇게 국제적으로 통용된다고 해서 우리나라에서 그대로 써야 할 까닭은 없는 것이다. 이 사전에서 나무젓가락을 와리바시waribasi라고 올려두었다 해서 우리가 지금껏 쓰던 나무젓가락을 내던지고 와리바시라고 쓸 필요는 없다는 말이다. 사시미, 오리가미, 스모도 옥스퍼드사전 식대로 쓰지 않고 우리말로 바꿔 회, 종이접기, 씨름으로 쓰고 있지 않는가! 요컨대 한국 사람들끼리는 나무젓가락, 종이접기, 지진해일이라고 하면 되고 영어로 미국 사람들과 말할 때는 와리바시, 오리가미, 쓰나미라고 하면 되는 것이다. 국제적으로 쓰는 일본 말이라고 해서 무조건 따를 것이 아니라는 것은 이런 사례를 보면 알게 된다.

세계적인 공통어라든가 세계적인 학술용어라는 해괴한 이유를 들어 아무 비판 없이 들여다가 무책임하게 쓰는 말들이 자고 나면 쏟아져 들어온다. 그 틈바구니에서 우리말이 설 자리가 점점 줄어드는 것이 안타깝다. 쓰나미는 지진해일 말고도 지금 한국 사회에서 이상한(?) 쓰임새로 그 외연을 확대 중이다. 우리 언론을 살펴보면 『서울경제신문』 2012년 10월 5일치에 실린 「브라질 중앙은행 "달러 쓰나미 조짐 아직 없어"」, 『민중의 소리』 2012년 10월 6일치에 실린 「박진영 축하 … '쓰나미' 맞은 한국가요계 반응은?」, 『문화일보』 2012년 10월 4일치에 실린 「"강한 기업만 살아남는다" … '불황 쓰나미' 속 치열한 경쟁」 등을 보면 이제 쓰나미는 아주 일반화된 것만 같다. 그렇지만 문제없는 말인지 곱씹어볼 일이다.

문학작품에 원앙금침이
수두룩한 나라에 웬 '잉꼬부부'

차인표, 신애라 부부, 연예계에서 잉꼬부부로 통하죠. 참 부러워요. 요즘 시대에 이렇게 열심히 기부하고 재미있게 사는 부부들이 얼마나 될까요? 참 배울 게 많은 부부 같아요.

● 인터넷 포털 다음

어느 누리꾼의 말처럼 새까만 피부의 아이를 보듬어 안고 있는 이 부부의 사진을 본 적이 있다. 자신의 시간과 돈을 나누기란 쉽지 않다. 더구나 먼 나라까지 달려가 그런 선행을 하기란 더더욱 어렵다. 그런 뜻에서도 이들의 행동이 고와 보인다.

이렇게 다정하고 사이좋은 부부를 가리켜 흔히 잉꼬부부라고 한다. 하지만 '잉꼬いんこ, 鸚哥'는 앵무새의 일본 말이다. 말하자면 차인표, 신애라 씨는 '앵무새 부부'인 셈이다. 잉꼬를 앵무새로 바꿔 놓으면 이미지가 싹 바뀐다. 참으로 희한한 일이다. 우리의 머릿속에서 앵무새는 남의 말만 흉내 내는 새라는 별로 좋지 않은 이미지가 있지만 잉꼬라고 부를 때는 왠지 '잉꼬부부' 같은 말을 떠올려 좋은 이미지로 둔갑한다. 알고 보면 잉꼬가 바로 앵무새인데 말이다.

『표준국어대사전』에서는 잉꼬를 어떻게 풀이하고 있을까?

❀ 잉꼬 ← 〈일〉inko[鸚哥]
   1. 앵무과의 앵무속 이외의 대부분의 새를 통틀어 이르는 말. 우관이 없고 몸빛은 붉은색, 초록색, 노란색 따위이다.
   2. 앵무과의 새. 몸의 길이는 21~26cm이다. 머리 위는 노란빛, 뺨에는 푸른빛의 굵고 짧은 점이 한 쌍 있으며, 그 사이에 둥근 점이 두 쌍 있다. 허리·가슴·배는 진한 초록색이고, 꽁지는 가운데의 두 깃은 남색이며, 그 외는 노란색이다. ≒사랑앵무. Melopsittacus undulatus

이 풀이 어디에도 '다정스런 사이좋은 부부'를 연상하는 말은 없다. 그렇다면 앵무새는 언제부터 한국에 있었을까? 『태종실록』 12권, 6년 (1406년)에 다음과 같은 기록이 있다.

남번南蕃의 조와국爪哇國 사신 진언상陳彦祥이 전라도 군산도群山島에 이르러 왜구에게 약탈을 당했다. 배 속에 실었던 화계火雞・공작孔雀・앵무鸚鵡・앵가鸚哥・침향沈香・용뇌龍腦・호초胡椒・소목蘇木・향香 등 여러 가지 약재와 번포蕃布를 모두 겁탈당했다.

실록을 보면 600여 년 전에도 조류 수입업자(?)가 있던 모양이다. 매우 흥미로운 기록이다. 여기서 조와국은 지금의 인도네시아 자바Java, 화계火雞는 타조, 앵가鸚哥는 앵무를 가리킨다. 이 기록에는 앵무와 앵가가 따로 나오는데 앵무는 말 그대로 앵무새이고 앵가는 앵무과에 속하는 새이며 범위가 넓다. 이 기록을 통해 앵무새가 우리나라에 들어온 지도 꽤 되었음을 알 수 있다.

앵무(잉꼬)는 그냥 앵무새일 뿐 부부 금실과는 무관하다. 그럼에도 우리는 일본 말 잉꼬에 부부를 붙여 사이좋은 부부의 대명사처럼 쓰고 있으니 코미디도 이런 코미디가 없다. 더욱이 1997년 2월 15일에 나온 『국어 순화용어 자료집』에서는 잉꼬부부가 일본어투 생활 용어라면서 '원앙 부

부부금실을 이르는 새는 원앙이다. 잉꼬는 앵무새의 일본 말이다.

부'로 순화하도록 기록해놓고 순화 정도에서는 둘 다 쓸 수 있다는 모호한 표현을 하고 있다. 이는 잘못된 순화 지도로, 잉꼬를 버리고 앵무라고 써야 하며 더구나 부부 금실은 원앙이라 해야 한다.

 ● 잉꼬 – 부부 ← 〈일〉inko[鸚哥]夫婦

「명사」

다정하고 금실이 좋은 부부를 비유적으로 이르는 말. '원앙 부부'로 순화.

우리나라 고전 시에서 부부 금실을 말할 때 자주 등장하는 원앙은 일본 말로 오시도리おしどり다. 일본 국어대사전 『다이지센』에서는 어떻게 풀이할까?

 ● えんおう【×鴛×鴦】

1. オシドリのつがい.

2. 『オシドリの雌雄がいつも一緒にいるところから』夫婦の仲のむつまじいことのたとえ.

번역하면, "원앙 한 쌍, 원앙은 항상 함께 다니므로 부부 사이가 좋은 경우를 비유적으로 말한다"고 되어 있다.

원앙새에 관한 우리나라의 기록은 송나라 문신인 서긍徐兢, 1091~1153의

『선화봉사고려도경宣和奉使高麗圖經』 제28권 「수막繡幕」에 나온다.

수막의 장식은 오색이 뒤섞여서 이루어진 것으로, 가로로 꿰매지 않고 한 폭씩을 위에서 아래로 드리웠다. 여기에도 원앙새·난새·꽃떨기 같은 무늬가 있는데 붉은빛과 노란빛이 강하고, 그 바탕은 본래 무늬 있는 붉은 깁이다. 오직 순천관의 조전詔殿·정청·정사와 부사 자리 그리고 회경전會慶殿과 건덕전乾德殿의 공회公會에만 설치한다.

그러나 여기서는 원앙이라 하지 않고 '계칙鷄鶒'으로 나와 있는데, 鶒이란 자원앙새 칙 자로 원앙을 나타내는 말이다.

또 고려 명종 때 학자인 이인로李仁老, 1152~1220가 남긴 시가 있다.

공작 병풍 그윽한 곳에 촛불 그림자 희미하고	孔雀屛深燭影微
원앙새 잠이 단 데 어찌 헤어져 날으랴	鴛鴦睡美豈分飛
스스로 가여워하노니 파리한 청루의 처녀가	自憐憔悴靑樓女
언제나 남을 위해 시집갈 옷을 지어주는 것을	長爲他人作嫁衣

부부 금실이 달다고 말한 표현이 재미나다. 그런데 전에는 『표준국어대사전』에 원앙새가 부부 금실이 좋다는 이야기가 없었다.

❀ 원앙02鴛鴦

「명사」

오릿과의 물새. 몸의 길이는 40~45cm이고 부리는 짧고 끝에는 손톱 같은 돌기가 있다. 수컷의 뒷머리에는 긴 관모가 있고 날개의 안깃털은 부채꼴같이 퍼져 있다. 여름 깃은 머리와 목이 회갈색, 등은 감람색, 가슴은 갈색 바탕에 흰 점이 있다. 여름에는 암수가 거의 같은 빛이나 겨울에는 수컷의 볼기와 목이 붉은 갈색, 가슴이 자주색이다. 한국, 일본, 중국, 대만 등지에 분포한다. 천연기념물 제327호. ≒원앙새 · 인제06 鄭提 · 파라가 · 필조匹鳥. Aix galericulata

신혼부부의 베개에 수놓을 만큼 예로부터 쓰이던 부부 금실의 대명사인 '원앙새'를 국립국어원에서는 몰랐던 것일까? 일본어사전의 원앙새(오시도리) 설명에는 부부 금실 이야기가 나오는데 한국어 사전에는 없었다. 문화재청 누리집에서는 "원앙은 우리나라와 중국, 소련, 우수리, 일본, 대만 등지에 분포한다. 암컷 · 수컷이 항상 함께 다닌다고 하여, 화목하고 늘 동반하는 부부를 빗대어 원앙이라고 한다"는 설명이 나오는데, 국립국어원의 사전에는 참으로 멋없는 학술적인 설명이 실려 있었다. 이런 지적이 많았는지 설명이 늘었다.

❀ 원앙02鴛鴦

「명사」

2. 금실이 좋은 부부를 비유적으로 이르는 말.

일본은 1968년에 가와바타 야스나리가 『설국』으로, 또 1994년에 오에 겐자부로가 『만엔원년의 풋볼』로 노벨 문학상을 두 번이나 받았는데, 이런 일본인의 정서는 바로 이런 사전을 어렸을 때부터 읽으며 자란 덕인지도 모르겠다. 앵무(잉꼬)와 원앙(오시도리)조차 구분하지 못하는 우리의 정서는 어떻게 봐야 할까?

청와대와 어린이를 잇는
'가교' 역할 해주세요

어린이 청와대기자단은 이명박 대통령할아버지께서 어린이들의 소리를 귀담아 듣기 위해서 그리고 어린이들을 인재로 양성하기 위한 목적으로 만드셨다고 한다. 이렇게 탄생한 어린이 청와대 기자들이 만들어가는 신문의 이름은 푸른누리 신문이다. 푸른누리 18호가 발행될 즈음에 새 편집인으로 이동관 청와대 홍보수석비서관님이 오시게 되었다. 9월 15일 오후 4시 청와대어린이 기자단 스물아홉 명은 새 편집인님을 취재하기 위해 청와대기자회견 장소인 청와대의 춘추관 브리핑룸에 모여서 미리 준비한 꼼꼼한 질문을 했으며 이동관 비서관님이 청와대와 어린이를 잇는 가교 역할을 해주시길 빌었다. ●『푸른누리』 조현빈 기자 (잠현초 6)

가교라는 말이 있다. 『표준국어대사전』에서는 다음과 같이 풀이하고 있다.

❀ 가교02 架橋

「명사」

1. 다리를 놓음. 또는 그런 일. '다리 놓기', '다리 놓음'으로 순화.
2. 서로 떨어져 있는 것을 이어 주는 사물이나 사실.

쉽게 말해서 가교란 우리말로 다리다. 그렇다면 위 예문에 나온 "이동관 비서관님이 청와대와 어린이를 잇는 가교 역할"은 "이동관 비서관님이 청와대와 어린이를 잇는 다리 역할"이라고 하는 게 좋다. 하나 더 말해 둔다면 '역할'이란 말도 '구실' 또는 '할 일' 등으로 고치는 게 좋다.

일본 국어대사전 『다이지센』에는 뭐라고 되어 있을까.

❀ かきょう【架橋】

橋を架けること. また, その橋.

번역하면 다리를 놓는 일 또는 공사라고 풀이하고 있다. 역할役割도 야쿠와리ゃくわり라는 일본 말에서 온 것이다. 이렇듯 어린이 신문에서조차 일본 말 찌꺼기를 아무렇지 않게 쓰고 있다. 고쳐주는 어른들이 없기 때문이다.

조선 시대에는 다리를 가교架橋라 하지 않고 교橋라고 했다. 『태종실록』 20권 10년(1410년)에 다음과 같은 기록이 나온다.

> 광통교廣通橋의 흙다리〔土橋〕가 비만 오면 곧 무너지니, 청컨대 정릉貞陵구기舊基의 돌로 돌다리〔石橋〕를 만드소서.
> 廣通土橋, 雨輒圮毀. 請以貞陵舊基石, 造石橋.

그러나 일제가 왕실에 관여하면서부터 다리는 가교로 바뀐다. 『순종실록부록』 5권 7년(1914년)에 다음과 같은 기록이 있다.

> 사무관事務官 곤도 시로스케〔權藤四郞介〕를 수원군水原郡에 보내어 융릉隆陵, 건릉健陵 부속 건물 수리처 및 가교 공사를 조사하도록 하였다.
> 遣事務官權藤四郞介于水原郡, 隆陵, 健陵附屬建物修理處及架橋工事, 調査.

왕조실록에 일본 말 가교를 버젓이 올린 것이다. 이를 본받아 지식층과 언론에서는 다리라고 하면 될 것을 가교로 쓰기 시작했고 어린이 기자들도 다리보다 가교가 좋은 말인 줄 알고 쓰고 있다.

그러나 실제 일본의 다리 역사를 거슬러 올라가면 한반도를 빼놓고는 말할 수 없다. 『일본영이기日本靈異記』에는 서기 646년 백제인 도등道登 스님이 우지교宇治橋를 건설한 사람으로 기록되어 있다. 우지교는 교토와 나라를 잇는 중요한 다리다. 그뿐만 아니라 나라 시대의 백제인 행기行基 큰스님 역시 일본 각지에 다리를 일곱 개나 놓았으며 백성들의 집단 주거 시설인 후세옥布施屋 아홉 곳, 교육과 신앙생활을 할 수 있는 절 마흔아홉 곳, 온천 열두 곳, 관개수리 시설 열다섯 곳, 항만 시설 다섯 곳 등 건설을 직접 진두지휘했다고 기록되어 있다.

또한 한반도에서 유래한 하타秦씨는 서부 교토를 개척하면서 가쓰라가와桂川 제방을 쌓았고 도게쓰 다리渡月橋를 건설했다. 2012년 1월 16일에 봄에는 벚꽃, 가을에는 단풍으로 유명한 교토 서부 아라시야마 들머리(입구)에 있는 도게쓰 다리를 찾았다. 3박 4일 여정으로 일본 속의 한국 문화 답사단을 이끌고 마지막 코스인 이곳을 찾은 이 날, 전국에서 몰려든 관광객으로 발 디딜 틈이 없었다. 관광철도 아닌 1월에 이 정도면 벚꽃이나 단풍철에는 몰려드는 사람들이 어느 정도인가 짐작이 갈 만하다.

이 다리가 놓인 가쓰라 강 하류는 강이라기보다는 큰 냇물 같은 느낌이 들 정도로 크기가 아담한데 상류에는 물을 가둔 보洑가 있어 제법 강 분위기가 느껴졌다. 길이가 250미터인 도게쓰 다리는 건너편에 있는 표고 375미터의 아라시야마嵐山의 단풍과 벚꽃이 아름다워 예로부터 시인 묵객과 귀족들이 넘나들었다.

특히 다리 이름은 가메야마 천황龜山天皇이 이곳에 놀러와서 물에 비친 달빛이 고와 도게쓰 다리, 한자어로 도월교渡月橋라고 붙였다고 하는데 그

간 전란과 홍수 등으로 불타거나 유실되기도 해서 그때마다 새로 놓았다. 현재 있는 다리는 1934년에 콘크리트로 기초를 다지고 나무로 난간을 만든 것으로, 아라시야마의 정취와 조화를 맞추어 전체적으로 나무다리의 느낌이 들도록 설계되어 있다.

답사단이 이곳을 찾은 까닭은 이 다리를 맨 처음 놓은 사람이 한국계인 도창스님道昌僧正, 798-875이기 때문이다. 일본 사람들은 유서 깊은 도월교를 맨 처음 놓은 사람이 누구인지 관심도 없이 다리를 배경으로 사진을 찍고 있지만 우리가 이 다리를 걷는 감회는 다르다.

도창스님은 출가하기 전의 성이 하타秦로, 하타씨는 한반도계 출신이다. 스님은 헤이안 초기인 836년에 이 강에 오이大堰 저수지를 만들고 다리를 놓았다. 당시 다리는 현재의 도게쓰 다리보다 200미터쯤 상류에 있었으며 당시에는 법륜사교法輪寺橋라고 불렀는데 다리 난간에 붉은 칠이 칠해져 천룡사 십경天龍寺十景에 꼽힐 만큼 아름다웠다.

『야마시로풍토기山城風土記』에 "하타 씨들은 가쓰라가와 유역을 지배하면서 제방을 쌓고 다리를 놓아 이 일대의 홍수 조절을 했다"는 기록이 있다. 도창스님이 놓은 이 다리엔 열세 살 되는 어린이들이 법륜사 참배를 마치고 이곳을 건너면 장차 액운을 없애고 지혜를 얻는다는 속설이 있어 '열세 살 다리 건너기' 행사가 남아 있다. 이때 다리를 다 건너기 전에 돌아보면 효험이 없다는 이야기가 재미나다. 봄에는 3월 13일부터 한 달간, 가을에는 10월부터 한 달간 치른다.

고대 한국 출신 도창스님이 천 년 전에 만든 교토의 도게쓰 다리.

아담한 산 아라시야마를 배경으로 천여 년의 물줄기가 쉬지 않고 흐르는 도게쓰 다리를 건너면서 나는 최고 승정 자리에 올라 일본 불교계에 우뚝 선 도창스님의 모습을 그려보았다. 고대 일본 땅에는 그 유명한 행기스님을 비롯하여 고대 한국 출신 스님들이 다리 공사를 비롯한 토목 공사에 많은 힘을 쏟아부은 역사 유적이 많이 남아 있다. 교토 서부 아라시야마의 현관인 도게쓰 다리도 그 하나다.

그뿐만 아니라 토목, 건축, 예술, 학문, 불상 조각, 불교 경전 등에 해박한 지식을 지닌 한국인이 대거 일본으로 건너가 각지에 다리를 만들고 절을 짓고 궁전을 지었다는 기록은 『일본서기』 등 역사서에 고스란히 남아 있다. 그런 기술자 집단을 보유한 나라가 고대 한국이었다. 그런 우리가 다리라는 말을 두고 가교라는 말을 쓰는 것은 옳지 않다. 되도록 토박이말 다리로 고쳐 쓰고 사랑의 가교 따위도 사랑의 다리로 고쳐 쓰자. 그게 더 정겹지 않는가?

왜 한국인은 아들이 태어나면 '장군감'이라 하나

안녕하세요. 궁금한 게 있어 여쭤보고 싶습니다. 남자아이가 태어나면 흔히 장군감이라면서 축하를 해주는데, 어느 책에서 남자아이에게 장군감이라고 하는 것은 일제강점기 때 일본의 영향을 받은 것이라고 봤어요. (제 생각에도 '무' 보다는 '문' 을 숭상했던 우리네 정서를 봤을 때 '장군감' 이라고 하지는 않았을 것 같아요.) 이게 진짜인지, 진짜라면 예전에는 남자아이에게 뭐라고 표현했을지, 또 여자아이에게는 뭐라고 표현하면서 축하를 해줬는지 궁금합니다. 감사합니다. ^^

● 〈얼레빗으로 빗는 하루〉 독자

참으로 어려운 질문이다. 장군감이라고 할 때의 장군이란 말의 유래가 한국어인가 일본어인가. 이 질문자는 우리나라가 '무' 보다 '문' 을 숭상한 나라였기에 장군이 일본에서 유래한 것이 아닐까 추측하지만 장군이란 말은 일본보다 한국 쪽 기록이 훨씬 오래되었다. 문을 숭상했다는 말은 한국 역사를 500년 조선 시대에 국한시키는 말일 뿐 사실상 한국의 상무 정신은 일본보다 앞서 있다.

서기 645년 당태종이 진두지휘한 군대를 살수에서 보기 좋게 처부순 을지문덕 장군을 비롯한 연개소문 장군 그리고 거란족을 무찌른 귀주대첩의 명장 강감찬姜邯贊,948~1031 장군과 여진족을 물리친 윤관尹瓘,?~1111 장군 등은 일본에서 장군이 나오는 시대보다 앞선 시대의 장군들이다.

일본의 장군은 공식적으로는 가마쿠라 막부 초대 장군인 미나모토노 요시토모源義朝,1147~1199 시대부터로 본다 해도 장군의 역사는 한국이 더 깊다. 가마쿠라 막부보다 앞선 시대에 있던 정이대장군征夷大將軍(721년) 때부터 장군의 역사를 잡아준다 해도 을지문덕의 살수대첩이 있던 612년 1월보다 뒤처진다. 113만 명의 수나라 대군을 물리친 장군이 즐비했던 나라가 고대 조선이다.

그뿐만 아니라 문치주의를 중요하게 여긴 조선 시대에도 장군의 기사가 『조선왕조실록』에 861건이나 등장하는 것으로 보아 알려지지 않은 숱한 장군들이 나라를 지키다 갔음을 알게 된다. 『태조실록』 1권 총서 26번째 기록에 보자.

이때 왜적倭賊이 양광도楊廣道에 침구侵寇하니 서울에 경계警戒를 엄중히 하였다. 환조는 판군기감사判軍器監事로서 나가 서강 병마사西江兵馬使가 되었다. 이로부터 두 번이나 통의通議·정순正順 두 대부大夫를 가자加資 받고 천우위 상장군千牛衛 上將軍으로 임명되었다.

이와 같이 장군들의 활약이 컸으나 고구려 시대의 장군만큼 인식되지 못할 뿐이다.

장군이란 말이 일제강점기 때 순사 문화인 일본 말에서 유래된 것이 아닌가 하는 오해는 남대문에 대한 오류에서도 엿볼 수 있다. 국보 1호인 숭례문을 가리켜 남대문이라고 부르는 것은 일제가 붙인 말이 아니다. 『태조실록』 10권, 5년(1396년)에 다음과 같은 기사가 실려 있다.

> 정북正北은 숙청문肅淸門, 동북東北은 홍화문弘化門이니 속칭 동소문東小門이라 하고, 정동正東은 흥인문興仁門이니 속칭 동대문東大門이라 하고, 동남東南은 광희문光熙門이니 속칭 수구문水口門이라 하고, 정남正南은 숭례문崇禮門이니 속칭 남대문이라 하고, 소북小北은 소덕문昭德門이니 속칭 서소문西小門이라 하고, 정서正西는 돈의문敦義門이며, 서북西北은 창의문彰義門이라 하였다.

여기서 보듯이 예부터 남대문이 별칭으로 불렸을 뿐 일제강점기 때 일제가 붙인 것은 아니다.

따라서 떡두꺼비 같은 아들이 태어났을 때 '그 놈 장군감이다' 라고 하는 말이 일제강점기에 들어왔다고 보기엔 무리가 따른다. 실제로 오십 대 중반인 다와라기 하루미 광운대 교수는 일본에서 사내아이가 태어나면 '장군감이다' 라고 말하는 것은 본인도 해본 적이 없고 들어본 적이 없다고 했다. 그 대신 '오모노大物' 라고 해서 '큰 인물' 또는 '거물이 될 것이다' 라는 말은 덕담처럼 주고받는다고 한다.

역사의 시각을 조선 시대에만 두지 않는다면 우리 겨레에 일본보다 더 훌륭한 장군들이 대활약하던 시대가 있었음을 알 수 있다. 장군감이란 말이 그때부터 있던 것이라고 입증하기 어렵지만 아니라고 입증하기도 어렵다. 시대가 어수선할수록 을지문덕이나 연개소문 같은 장군들이 그리워져서 갓 태어난 아기들에게 그렇게 말했던 것은 아닐까? 더 연구해봐야 알겠지만 나는 그렇게 본다. 여자아이에 대한 말은 글쎄다. 지금 사람들처럼 '그 공주님 예쁘게 생겼다' 라고 하진 않았을 것이다.

고려청자 최대의 장물아비
이토 히로부미와 '호리꾼'

19세기 말엽부터 1945년까지의 한국의 근대사를 완전히 짓밟고, 국토까지 빼앗았던 일제와 일본인들의 온갖 죄악상을 낱낱이 밝혀 기록하기란 도저히 불가능할 것이다. 그 중의 한 영역인 역사 유적과 문화재의 약탈, 도굴, 파괴 그리고 헤아릴 수 없는 불법반출 등의 경우도 마찬가지다. 극히 제한된 일본인들 자신의 기록과 역시 제한된 국내의 목격담 혹은 증언들이 그 윤곽과 만행의 한 부분을 밝혀주고 있을 뿐이다. 그러나 우리는 이 빙산일각의 확실한 증언과 기록만으로도 과거 일제와 일본인들에 의한 민족문화재의 수난이 어느 정도 극악한 상태였는지를 능히 파악할 수가 있다. …… 저물어가는 대한제국으로 몰려든 일본 도굴꾼들이 가장

탐냈던 것은 개성 주변의 무덤을 파면 무더기로 쏟아져 나오던 고려청자였다. 그 무렵 도굴꾼을 뜻하는 은어인 호리꾼이란 말이 만들어졌다.

●김윤형, 「신파극 메들리, 조선 문화재 약탈사」,

『한겨레21』, 2007년 2월 15일(648호)

지금 오륙십 대 가운데는 호리꾼이란 말을 기억하는 분들이 있을 것이다. 어린 시절 어른들이 나누던 대화 가운데 '호리꾼, 호리꾼' 하던 말이 떠오른다. 그때는 어려서 무슨 말인지 몰랐지만 이야기의 흐름상 무덤 따위를 파헤치는 도굴꾼으로 이해하고 있었다. 저물어가는 대한제국에 건너와 헐값에 또는 반강제적으로 고려청자 등 문화재적 가치가 뛰어난 물건들을 빼돌린 일본인들! 고려청자 같은 값나가는 물건들은 고분을 파헤쳐서 가져가는 경우가 허다했다. 고분을 파헤치는 것을 요즈음은 도굴꾼으로 부르지만 여전히 나이깨나 있는 사람들 가운데에는 '호리꾼'이란 말을 쓰는 사람도 더러 있다.

도쿄 고려박물관이 발행한 책 『잃어버린 조선문화유산』의 18쪽에 보면 "오구라 콜렉션은 도굴과 무관하지 않다"고 써 있다. 오구라 콜렉션이 무엇일까. 일제강점기에 우리나라에서 살던 일본인 사업가 오구라 다케노스케小倉武之助, 1870~1964가 게걸스럽게 긁어모은 한국의 값나가는 유물들을 말한다. 그가 도굴해간 유물들은 그의 사후 오구라 보존회에 의해 보존되다가 1982년 도쿄국립박물관에 기증되었다. 유물은 일본의 중요문화재 8점, 중요미술품 31점을 포함한 1,110점이다. 세목을 살펴보면 조각 49점, 금속공예 128점, 도자기 130점, 칠공예漆工藝 44점, 서적 26점, 회화 69점, 염색 작품 25점, 토속품 2점, 고고 시대 유물 557점 등에 이른다.

시대별로는 신석기시대, 청동기시대부터 삼국시대를 거쳐 통일신라, 고려, 조선에 이르기까지 우리나라의 전 시대를 망라하고 있다. 특히 고고유물考古遺物은 낙랑 시대와 삼국시대의 고분 출토품인 기와류와 통일신라 시대의 귀중한 금속공예와 토기 등이 주류를 이루고 있다. 주목해야 하는 것은 '고분 출토품'이라는 말인데 고분이란 주로 왕릉이나 고대 통치자의 무덤을 말한다. 국보급 문화재를 싹쓸이해간 것도 용납할 수 없거늘 신성한 왕릉을 파헤쳐서 문화재를 약탈해갔으니 그 패륜적 행위를 어찌 말로 다하랴!

도쿄에 있는 고려박물관은 양심 있는 일본인들이 조선에서의 문화재 약탈과 역사 왜곡을 밝히는 작업을 하는 순수 민간 시민단체다. 차마 그들은 "오구라 일행은 조선의 고분을 파헤쳐서 유물을 훔쳐왔다"고 쓰지는 못했을 것이다. 우익들의 칼부림을 피하고자 해서였는지 "도굴과 무관하지 않다"라는 완곡한 표현을 했지만 이것은 100퍼센트 도굴품이다.

도굴품이 아니라면 무덤에 있어야 할 유물이 어떻게 해(태양) 아래서 거래된단 말인가! 조선은 예부터 조상을 소중히 모시는 문화 민족이다. 아무리 먹을 것이 없고 헐벗어도 자신의 조상 무덤을 파헤쳐서 유물을 팔아먹지는 않았다. 그러나 일제강점기에 조선에 건너온 일본인들은 조선의 유물을 마구잡이로 긁어모아 일본인 친지에게 과자 선물하듯 건네주었다. 그 대표적 인물로 이토 히로부미를 꼽을 수 있는데 그는 고려청자 수집광으로 알려졌다. 가정이지만 만일 조선이 과거 일본을 식민지화해서 오사카, 나라에 산재한 고분을 뒤엎어버리고 그 안에 든 부장품과 유물을 도굴해왔다면 일본 사람들의 마음은 어땠을까? 진정한 이웃이란 도굴이나 약탈을 삼가고 오히려 약탈자가 있으면 함께 힘을 모아 물리쳐주어야 하는 법이다.

호리꾼 이야기를 하다가 길어졌다. 혹시 이 말이 일본 말인 줄 모르고 쓰는 사람은 지금부터 도굴꾼으로 바꿔 써야 할 것이다. 호리꾼은 일본어 "堀り" + 꾼으로 이뤄진 말로, 무덤을 파헤쳐서 그곳의 부장품을 꺼내는 행위는 악질적인 행위다. '호리꾼'을 동원해 일본제국주의자들이 고려청자를 비롯한 조상의 얼이 담긴 값나가는 한국의 보물을 파헤친 것도 속상한데 그 일본 말까지 유래를 모르고 써서야 되겠는가? 하루빨리 청산해야 할 말이다.

금강초롱에 붙인 초대 조선 통감 이름
'화방초'

우리나라에는 자생 식물이 4,000여 종 있답니다. 그 가운데 전 세계에서 오직 우리나라에서만 자라는, 그러니까 이 땅에서 사라지면 지구에서 멸종하게 되는 식물이 300종인데 이들을 특별히 '특산 식물'이라고 부릅니다. 그런데 금강초롱은 여기에 그치지 않지요. 식물 집안(속) 자체가 통째로 '특산 집안'인 것은 통틀어 일곱 개밖에 없는데, 그중 하나가 금강초롱 집안입니다. 게다가 분포 범위 자체가 좁으니 세계적으로 보면 꼭 보전해야 하는 희귀식물이지요.

● 『주간동아』 2012년 8월 20일

"최 참판 댁의 기둥 군데군데 초롱이 내걸려 있고 행랑의 불빛도 환하게 밝았다"는 박경리의 소설 『토지』의 초롱처럼 귀여운 꽃 금강초롱은 1902년 강원도 금강산 유점사 근처에 자생하는 꽃으로 알려졌으나 지금은 태백산·오대산·설악산·향로내봉·금강산을 거쳐 함경남도에서도 자라는 것으로 밝혀졌다. 최근에는 경기도 가평군 명지산에서도 금강초롱이 발견되어 화제를 모았다.

그런데 이 꽃 금강초롱을 전에는 화방초라 불렀다. 그를 입증하듯 『표준국어대사전』에는 다음과 같이 나와 있다.

❀ 화방-초 —草

「명사」『식물』

→ 금강초롱.

화방초가 곧 금강초롱이라는 것이다. 여기서 한 가지 짚어둘 것이 있다. 구절초九節草, 인동초忍冬草, 난초蘭草 같은 식물에는 한자를 붙여두면서 어째 화방초花房草에는 한자를 달아주지 않는가 하는 점이다. 그러면서 '화방초=금강초롱'이라고만 나와 있어 이것이 무슨 뜻인가 궁금한 사람들이 있을 것이다.

화방초 이야기가 나왔으니 일제강점기 이야기를 하지 않을 수 없다. 당시 총독부는 창씨개명도 모자라 조선의 아름다운 꽃에다가 일본인 이름을 주렁주렁 달아놓았는데 그 대표적인 꽃이 화방초다. 여기서 화방花房이란 하나부사 요시모토花房義質, 1842~1917를 가리키는 말로, 그는 한일병합의 주역이자 조선총독부 초대 공사를 지낸 인물이다. 금강초롱에 하나부사의 이름을 달아준 인물은 일본의 식물분류학자 나카이 다케노신中井猛之進, 1882~1952으로 그는 금강초롱(하나부사) 말고도 데라우치 마사타케寺內正毅, 1852~1919에게 아부하기 위해 사내초寺內草도 붙여줬다.

나카이 씨에 대해 일본 위키피디아에서는 "조선 반도의 식물연구에 힘을 쏟았으며 조선 초대 공사인 하나부사 요시모토에게 화방초, 곧 Hanabusaya asiatica Nakai와 같은 이름을 붙여주었다"고 소개하고 있다.

누가 보면 조선 식물에 대해 엄청난 연구를 해준 것 같지만 사실상 나라를 빼앗기지 않았다면 조선인도 얼마든지 연구할 수 있는 일이었을 뿐이다. 공연히 연구랍시고 조선의 꽃과 나무 이름에 발견자의 이름을 따서 학명에 죄다 일본인 Nakai를 붙여놓는 바람에 오늘날 한국의 나무와 꽃의 학명에 나카이nakai라든가 우에키ueki, 마키노makino 같은 사람들의 이름이 남아 있는 것이다. 나카이의 경우에는 한국에만 서식하는 큰둥굴레 Polygonatum robustum 'Nakai', 솔방울Scirpus jaluanus 'Nakai', 말나리꽃Lilium distchum 'Nakai', 산앵도나무Vaccinium koreanum 'Nakai', 섬백리향Thymus przewarskii 'Nakai' 등에 자신의 이름을 새겨넣었다. 나카이 말고도 오동나무Paulownia coreana 'Uyeki'에 우에키, 감나무Diospyros kaki thunb.var.domestica 'Makino'에 마키노 같은 일본인 학자들이 가세했다.

아름다운 금강초롱을 일제는 화방초라 이름 지었으며 개나리의 학명에 '나카이'라는 일본인 이름이 선명하다.

만일 나카이 같은 일본 식물학자들이 자신의 나라만큼 조선의 꽃이나 나무를 사랑했다면 금강초롱처럼 아름다운 꽃 이름에 자신의 뒷돈을 대준 하나부사 같은 사람의 이름을 철썩 붙여주진 않을 것이다. 마치 "옛다 이거 나 잡수쇼" 하듯 말이다. 학명이란 한번 결정되면 바꿀 수 없는 것이거늘 조선을 영구히 식민지로 두겠다는 의지가 아니면 남의 나라 식물에 함부로 자신들의 이름을 붙이지는 않았을 것이다. 조선을 정말 사랑했다면, 조선의 풀, 나무, 꽃을 진정으로 사랑했더라면 당시 조수였던 정태현鄭台鉉, 도봉섭都逢涉, 이덕봉李德鳳, 이휘재李徽載 같은 조선인의 이름으로 학명을 정할 수도 있었을 것이다. 이 조선인들은 1937년에 『조선식물향명집朝鮮植物鄕名集』을 지은 학자들이다.

이쯤에서 지적하고 싶은 것은 국립국어원의 『표준국어대사전』이다. 국어사전에 현재 올라 있는 "화방초 = 금강초롱"과 같은 설명은 적절치 못하다. 최소한 지금은 사용하지 않지만 화방초의 유래를 간단하나마 밝혀야 한다. 낱말 하나라도 그 유래를 밝힐 수 있으면 밝히는 게 진정한 국어 사랑 정신을 키우는 것이다. 수학 공식처럼 멋없이 "화방초=금강초롱" 이렇게만 풀어놓으면 국민에게 친절한 사전은 되지 못한다.

왜냐하면 국어사전의 금강초롱 풀이를 보고 눈치 빠른 사람들은 학명에 붙은 하나부사야Hanabusaya가 궁금해질 것이기 때문이다.

❋ 금강-초롱金剛-

「명사」『식물』

초롱꽃과의 여러해살이풀. 줄기는 높이가 20~40cm이며, 잎은 끝이 뾰족한 달걀 모양이다. 여름에 초롱 모양의 자주색 꽃이 가지마다 몇 송이씩 핀다. 우리나라 특산종으로 산지山地에서 자라는데 금강산, 설악산, 태백산 등지에 분포한다. ≒금강초롱꽃. Hanabusaya asiatica

나라를 빼앗기는 바람에 엄청난 국민의 희생과 더불어 국모 살해, 궁궐 파괴, 문화재 도둑질은 물론이고 말글과 이름마저 빼앗기던 시절을 한 세기도 지나지 않고서 잊어버린다는 것은 제대로 된 정신을 가진 민족의 행위는 아니라고 본다. 특히 말글을 책임지고 있는 국립국어원의 국어사전은 그래서 더욱 거듭나야 한다. 벌써 올해로 광복 68주년이 아닌가! 너무 늦었지만 하루 속히 일본 제국주의의 사전 베끼기를 중단하고 한국인의 사고와 의식으로 사물을 재해석했으면 하는 바람이다.

일본 말 의붓자식 밑씻개에서 온 '며느리밑씻개'

요즈음 들이나 시골길에서 자주 볼 수 있는 꽃이 며느리밑씻개다. 하고 많은 이름 중에 "ㅇㅇ밑씻개"라는 이름을 붙인 까닭은 무엇일까? 결론부터 말하자면 이 말은 일본 말 "의붓자식의 밑씻개(継子の尻拭い, 마마코노시리누구이)"에서 유래한 것으로 '밑씻개' 앞부분인 의붓자식을 한국에서 며느리로 바꿔 부르는 것이다. 일본에서는 의붓자식이 밉지만 한국에서는 며느리가 미워 가시가 촘촘히 나 있는 이 풀로 밑을 닦는 것으로 묘사하고 있다.

이 꽃이 어떻게 생겼는지 먼저 『표준국어대사전』 풀이를 보자.

◈ 며느리-밑씻개[──밑씯깨]

「명사」『식물』

마디풀과의 덩굴성 한해살이풀. 줄기와 잎자루에 가시가 많아 다른 것에 잘 감긴다. 잎은 어긋나고 삼각형이며 가장자리가 밋밋하다. 7~8월에 담홍색 꽃이 줄기 끝에 둥글게 모여 피고, 열매는 검은색의 수과瘦果이다. 어린잎은 식용한다. 들이나 길가에서 흔히 볼 수 있는데 한국, 일본, 중국 등지에 분포한다. Persicaria senticosa

멀쩡하게 예쁜 꽃에다가 며느리밑씻개라는 이름을 붙인 것도 민망하지만 더 민망스러운 꽃 이름 가운데에는 개불알꽃, 큰개불알꽃 같은 꽃도 있다. 개불알꽃(요즘은 복주머니꽃으로 부르는 사람도 있으나 식물도감에서는 여전히 이 말을 쓰고 있다)이나 의붓자식밑씻개(며느리밑씻개) 따위의 이름을 붙인 사람은 다름 아닌 일본인이다. 일본 식물학의 아버지로 일컫는 마키노 도미타로牧野富太郎, 1862~1957는 그의 저서 『식물 일일일제植物一日一題』에서 식물 이름 명명命名에 대해 다음과 같이 말하고 있다.

"그동안 일본의 풀과 나무 이름은 한자漢字로 써왔는데 이것은 낡은 생각이다. 한자는 중국의 문자이므로 일본의 문자인 가나かな로 쓰는 게 편리하고 시대 조류에 맞다. 도쿄제국대학 이학부 식물학교실에서는 수십년 전부터 식물 이름을 일본 이름和名과 가타카나(일본 문자에는 히라가나와 가타카나가 있음)로 써오고 있다. 자기 나라의 훌륭한 식물 이름이 있는데

남의 나라 문자로 그것을 부른다는 것은 자신을 비하하고 독립심이 결여된 생각이다. 이러한 자세는 마치 자기 양심을 모독하고 자기 자신을 욕보이게 하는 것이므로 그 어떠한 변명도 할 수 없다."

일본인이 일본 식물에 이름을 붙이는 것은 일본인의 자유다. 개불알꽃이라고 하든 쥐똥나무라 하든 의붓자식밀씻개라고 하든 말이다. 문제는 우리다. 왜 우리는 우리 땅에 난 풀과 나무를 우리 눈으로 보고 부를 생각을 하지 않고 일본 사전을 베껴 표기하고 있는가. 특히 이름 있는 유명한 식물도감에도 일본 학자들이 이름 붙인 꽃 이름이 많다.

요즈음은 풀꽃 이름 좀 안다는 허다한 사람들이 앞 다투어 너도나도 꽃박사인 양 인터넷에서 전문가 행세를 하고 있다. 그것도 모자라 너도나도 화려한 양장판에 야생화라고 해서 개불알꽃이니 며느리밑씻개니 하는 일본 꽃 이름을 흉내 낸 말을 그대로 옮긴 책을 보고 있자니 씁쓸한 생각이 든다. 책 이름부터 들꽃이라 해도 좋은 것을 구태여 야생화라는 한자말을 쓰고 있다.

더욱 안타까운 것은 식물의 유래를 제대로 알려주고 아름답고 알기 쉬운 우리말을 권장해야 할 『표준국어대사전』이다. 여기에서는 꽃이 피는 모습을 나타내는 말을 윤산輪繖화서, 총상總狀화서 같은 식으로 말하고 열매 맺는 모습을 가리킬 때 수과瘦果니 삭과蒴果 따위의 일본 말을 그대로 쓰고 있다.

스웨덴 식물학자 칼 폰 린네Carl von Linné, 1707~1778 이후 식물을 종種과 속屬

따위로 분류하기 시작했다. 한국에서는 고대부터 식물의 약리 작용을 심도 있게 다루어왔지만 그때는 지금과 같이 관상용으로 꽃이나 나무를 기른 것이 아니라 치료 위주의 약재로 사용하다 보니 한자로 된 이름으로 주로 소통했다. 하지만 이제 우리의 산과 들에 피어 있는 들꽃을 사랑하는 사람들이 늘어가고 있으니 자라나는 어린이들을 위해서라도 우리 꽃과 풀, 나무에 대한 남의 나라 식물 이름 베끼기를 대대적으로 손봐야 하지 않을까?

제 2 장 일본 말로 잘못 분류한 한국어

'아연실색'은
일본 말(?)

뭔가 뜻밖의 일에 너무 놀랄 때 사용하는 표현으로, '아연실색하다'와 '아연질색하다'라는 표현이 모두 쓰이고 있는데, 이중에서 맞는 표현은 '아연실색啞然失色하다'입니다. '아연실색'은 뜻밖의 일에 얼굴빛이 변할 정도로 놀란다는 것으로, 여기서 '실색'이란 말의 '실失'은 잃어버린다는 뜻이고, '색色'은 얼굴빛을 뜻합니다. 그런데 의외로 이것을 '아연질색하다'라고 하는 분들이 상당히 계십니다. 어떤 사람이나 물건 또는 일을 몹시 싫어할 때 '○○는 질색窒塞이야' 이렇게 말할 때가 있는데, 아마도 이것을 연상해서 '아연질색'이라는 말이 만들어진 것 같습니다만, 이것은 정확한 표현이 아닙니다.

●월간『교육평론』

'아연실색'의 예문을 찾다 보니 아연실색이냐 아연질색이냐를 놓고 설명하는 글은 있어도 아연실색의 유래를 설명하는 글은 눈 씻고 봐도 찾지 못했다. 『표준국어대사전』에서는 뭐라고 풀이했을까.

❋ 아연-실색啞然失色[──쌕][아연실색만[──쌩-]]

「명사」

뜻밖의 일에 얼굴빛이 변할 정도로 놀람. '크게 놀람'으로 순화.

순화하라고만 할 뿐 순화해야 할 까닭을 밝히지 않는다. 무슨 곡절이 있는 말일까? 혹시 일본 말이라서? 그렇다. 관보 제13269호(1996년 3월 23일)에 보면 일본 말로 규정해놓고 '크게 놀람'으로 고쳐 쓰라고 해놓았다. 그러나 결론부터 말하자면 이 말은 일본 말이 아니다.

일본 국어대사전 『다이지센』에 풀이된 것을 보자.

❋ あぜん【啞然】

〔形動タリ〕

思いがけないことに驚き、あきれて物も言えないさま。あっけにとられるさま。

번역하면 "아젠 : 생각지 않은 일에 놀라고 질려서 말 못하는 모습. 질린 모양"이다. 곧, 아연이란 말은 있지만 '아연실색'이란 말은 없다. 그렇다면 어디에서 아연실색이란 말이 나온 걸까?『조선왕조실록』에는 '아연실색' 이란 말이 모두 스물다섯 번 나온다. 물론 원문에는 없고 모두 한글 번역본에서만 나온다.『고종실록』30권, 30년(1893년) 10월 21일 기사를 보자.

> 영의정 심순택沈舜澤이 상소하여 사직하니, 비답하기를, "나에게 있어 경은 나라를 다스리는 데 필요한 동반자이니 마치 물을 건널 때 배가 필요한 것과 같은 정도일 뿐만이 아니다. 서로 버릴 수 없음이 이와 같으니 비단 나만 경에게 큰 기대를 걸고 있었을 뿐 아니라 또한 경이 이런 때에 떠나겠다고 차마 말하지는 않을 것이라 생각했다. 그런데 뜻밖에 사직하는 상소가 온 것을 보고는 나도 모르게 아연실색하였다."
>
> 領議政沈舜澤上疏辭職. 批曰: "予於卿, 相須爲理, 不啻若方涉而籍舟楫. 其不可相捨者, 有如是, 則非徒予望卿者厚也, 亦謂卿不忍言去於此時矣. 忽見巽章之來, 不覺訝然失圖."

예문에서 보다시피 원문의 '아연실도訝然失圖'를 '아연실색' 으로 번역하고 있다. 이렇게 '아연실색' 으로 번역되는 경우가『광해군일기』,『인조실록』,『중종실록』에는 한두 번 나오는 데 견주어『고종실록』에는 무려 열 번이나 나온다. 구한말 일제에 나라를 빼앗기기 전 풍전등화 앞에서 고종이 얼마나 노심초사했는지 엿볼 수 있다.『조선왕조실록』에 스물다

일제에 나라를 빼앗기기 전 고종이 얼마나 노심초사했는지 『고종실록』에는 아연실색이 무려 열 번이나 나온다.

섯 번 나오는 아연실색은 원문에서는 막불아연莫不愕然, 상고실색相顧失色, 불각실색不覺失色, 아연실도訝然失圖 등 다양한 한자말로 나오지만 국역본에서는 모두 '아연실색'으로 번역하고 있다.

정리하면 아연실색은 아연+실색으로 만들어진 말로, 일본 말이 아니다. 더욱이 실록에 쓰인 아연이란 한자는 '訝然'으로, 일본에서 쓰는 '啞

然あぜん'과는 분명히 다르다. 그런데 국어사전에서는 예전에 쓰던 한자를 버리고 일본 한자인 아연啞然에 실색을 붙여 '아연실색啞然失色'이라고 표기하면서 이를 일본 말로 규정하고 있다. 낱말 하나라도 꼼꼼하게 따져서 일본 말이냐 아니냐를 규정하지 못하고 일본 한자 하나 들어갔다고 일본 말이라고 하는 것도 문제지만, 구태여 예전에 쓰던 訝然을 일본 한자 啞然으로 바꿔 써 일본 말로 정의 내리는 것도 이해하기 어렵다. 제발 우리말을 우리말답게 만들어주려는 국어사전이 되었으면 하는 마음 간절하다.

불쌍한 대한민국 '장손',
장손은 일본 말?

불쌍한 대한민국 장손들! 남의 일이라고 쉽게 제사 없애라 어쩌라 그러죠. 그게 말처럼 쉬우면 집안에서 저 고생하고 있겠습니까? 집안 어른 중에는 완고한 보수주의자도 있을 것이고, 노인네들 사고방식으로 제사 없애면 집안에 큰일 나는 줄 알고 있는 사람도 있고……. 문중 재산이나 또 많으면 현실적으로 도움 되고, 정신적으로 위로나 될 터인데, 그렇지 않은 경우는…….

● 인터넷 포털 다음

예문을 찾다 보니 장손 된 것이 스스로 불쌍하다는 예문이 떠다닌다. 여

러 말 못할 사연이 있나 보다. 여기서 장손이란 말을 『표준국어대사전』에서 보면 다음과 같다.

● 장손長孫[장-]

「명사」

한집안에서 맏이가 되는 후손. '맏손자'로 순화.

왜 고쳐 쓰라는 것일까? 국어사전에서 순화하라고 쓰여 있는 말은 일본 말인 경우가 많다. 단순한 한자 말인 경우에는 순화라는 말을 쓰지 않고 있다. 정말 장손은 일본 말일까? 고시된 순화 용어를 실은 관보 제13269호(1996년 3월 23일)를 보면 장손은 일본어투 생활 용어로 분류되어 있다. 그러나 장손은 조선 시대에도 흔히 쓰던 말이다. 『세종실록』 116권, 29년(1447년) 윤4월 27일치를 보자.

이제부터는 부녀자가 절에 다니는 것도 또한 잡신을 제사하는 예에 의하여 '제서유위율制書有違律'로써 죄를 가장家長에게 연좌連坐시키되, 가장이 없으면 맏아들에게, 맏아들이 없으면 둘째 아들에게, 둘째 아들이 없으면 장손에게, 장손이 없으면 차손에게, 가장과 차손이 없으면 죄를 며느리나 딸에게 연좌시키는 것으로 예규(恒式)를 삼게 하옵소서.

自今婦女上寺, 亦依淫祀例, 以制書有違律, 罪坐家長, 無家長則長子, 無長

子則次子, 無次子則長孫, 無長孫則次孫 無家長與子孫, 則罪坐婦女, 以爲 恒式.

집안의 부녀자들이 절에 다니는 죄를 장손에게까지 묻겠다는 엄포를 놓는 내용이다. 일본 국어대사전 『다이지센』에는 장손이 뭐라 나올까?

❋ ちょうそん[チャウ：]【長孫】:
一番年長の孫. 總領孫.

번역하면 "조손: 한집안에서 가장 맏이가 되는 손자, 곧 맏손자"를 가리킨다. 정리하면 장손은 우리가 예전부터 쓰던 한자 말이며 일본에서 온 말은 아니다. 일본에서 온 말이 아니니까 그냥 쓰자는 게 아니라 엄연히 예전부터 쓰던 말을 뜬금없이 일본어로 둔갑시키는 게 이상하다는 이야기다. 일본 말은 아니지만 맏이를 뜻하는 맏손자가 훨씬 정겨운 느낌이다. 손자도 한자 말인데 뭘 그러느냐고 또 딴죽 거는 사람이 나올지 모르겠다. 한 가지 궁금한 것은 손자, 손녀, 조상, 장손 같은 말은 왜 토박이말이 없을까 하는 점이다. 어쩌면 있었는데 한자 말에 밀려서 잊혔는지도 모른다. 어렵지만 그걸 찾아보거나 새롭게 만들어보는 것은 어떨까?

『조선왕조실록』에도 나오던
'간간이'

일요일이자 대보름인 28일 전국이 대체로 맑다가 오후에 점차 구름이 많아지겠고 밤늦게 흐려져 서해 5도에서 비(강수확률 60%)가 시작되겠다. 대부분 지역에서 오후 6~10시 구름 사이로 간간이 달을 볼 수 있겠다고 기상청은 내다봤다.

● 『연합뉴스』 2010년 2월 27일

간간이. 일기예보에서 많이 들었음직한 말이다. 간간이 구름이 낀다든가 간간이 비가 내린다든가 하는 말이다. 이 말은 한자어이며 우리 토박이말로는 '이따금'이란 좋은 말이 있다. 『표준국어대사전』을 살펴보자.

✿ 간간-이間間-[간――]

「부사」

1. 시간적인 사이를 두고서 가끔씩. '이따금'으로 순화. ≒간간05間間[1].
2. 공간적인 거리를 두고 듬성듬성. ≒간간05[2].

일본 국어대사전 『다이지센』은 이렇게 풀이하고 있다.

✿【間間】:

頻繁ではないが、時々現れるさま。時おり。「こういう失敗は－あるものだ」
[名]物と物とのあいだ。あいだあいだ。

번역하면 "간간: 빈번하지 않지만 때때로 나타나는 모양. 예) 이런 실패는 때때로 있는 법이다. 명사로 쓰일 때는 물건과 물건 사이사이를 뜻함"이다. 그런데 이 말의 유래가 좀 모호하다. 일제강점기에 들어온 것이라고 볼 수 없는 근거가 있기 때문이다. 『조선왕조실록』에 보면 '간간間間'이라는 원문이 모두 171건 나온다. 『중종실록』 71권, 26년(1531년)을 보자.

지금 다른 글씨로 고증해보니 대개는 같지 않은 것 같으나 한 자 한 자 비교해보니 간간이 서로 같은 곳이 또한 많아 의심할 만하다. 이것으로 형추하라. 방문이 명백하게 밝혀진다면 또 형추할 일이 많다. 이 뜻도 아울러 알고 있으라.

今以他書畫憑考, 大概似不相同. 然以字字比對, 則間間相同處亦多, 此可疑也. 以此刑推可也. 榜文之事若明白, 則又多可推之事, 此意幷知之.

예전부터 쓰던 말임을 보여주는 예다. 관보 제13536호(1997년 2월 15일)에는 가마보코(어묵), 가오 마담(얼굴 마담) 등과 함께 간간이가 일본어투 생활용어로 분류되어 있다. 그러나 『중종실록』에서 보다시피 간간이는 한자 말로 오래전부터 쓰고 있는데 그 유래를 일본 말에 두는 것은 맞지 않다. 이렇게 잘못 알려진 말 가운데에는 '각박하다' 도 있다.

● 각박-하다刻薄—[-빠카-]

「형용사」

[1] 1. 인정이 없고 삭막하다.

2. 땅이 거칠고 기름지지 아니하다. '메마르다' 로 순화.

3. 돈 따위를 지나치게 아껴 넉넉하지 않다.

[2]『북한어』 밑천이 푼푼하지 못하고 메마르다.

이 말도『조선왕조실록』에 51건이 나와 있어 예전부터 쓰던 말임을 알 수 있다. 간간이는 '이따금' 으로 쓰고 각박하다는 '메마르다' 로 고쳐 쓰되『표준국어대사전』에서는 예전부터 써오던 한자 말과 일본 사람들이 만든 한자 말을 뚜렷하게 구분해주었으면 좋겠다. 택배, 추월 같은 말이 일본 말이고, 각박하다 또는 간간이 같은 말은 우리나라에서 예전부터 쓰던 말이라고 말이다.

'양돈'이
일본 말이라고?

대한양돈협회(회장 이병모)는 지난 10월 15일 대전 유성 계룡스파텔에서 '2010아름다운 돼지농장·돼지사진 콘테스트' 시상식을 개최했다. …… 양돈협회는 한층 더 업그레이드된 우수한 돼지 사진들이 다수 선정됨에 따라, 소비자에게 친환경적인 양돈산업의 이미지를 효과적으로 알리고 양돈산업의 이미지를 제고하는 데 이를 최대한 활용한다는 계획이다.

●대한양돈협회 누리집

'한층 업그레이드된 우수한 돼지'라는 표현이 재미나다. 아무리 우수하고 업그레이드되었다 해도 궁극적으로는 인간에게 잡아먹히는 게 돼지들의 숙명이니 미안한 마음이 앞선다.

양돈, 양계라는 말은 흔히 들어왔는데, 양우養牛와 양마養馬는 다소 생소하다. 결론부터 말하자면 조선 시대에는 이미 양계, 양돈, 양우, 양마가 한창이었음을 숱한 기록이 증명하고 있다. 먼저 양마養馬의 기록을 보자. 『세종실록』 32권, 8년(1426년)에 다음과 같은 기록이 나온다.

> 사복시에도 항상 말을 기르게 하되, 겨울에 삼백 필, 여름에 이백 필을 기르게 하다.
>
> 自今司僕寺常養馬, 冬節則三百匹, 夏節則二百匹.

이어서 양우의 기록은 『정종실록』 3권, 2년(1400년)에 나온다.

> 헌사憲司에서 사련소(司臠所, 소나 말을 미리 길러서 나라의 쓰임에 이바지 하던 관아)로 하여금 소와 말을 미리 길러서 나라의 쓰임에 대비하게 하고, 민간의 것을 빼앗지 말도록 청하니, 그대로 따랐다.
>
> 憲司請令司臠所預養牛馬, 以備國用, 毋得奪諸民間, 從之.

그렇다면 이번에는 양계와 양돈 기록을 보자. 『세조실록』 28권, 8년(1462년)에는 "호조에 경중·외방에서 대·소가에 가축을 기르고 매해 초마다 보고토록 명을 내리다"라는 제목 아래 다음과 같은 기록이 있다.

임금이 신숙주·권남·한명회 등과 더불어 닭[雞]·돼지[豚]의 기름을 의논하고, 드디어 호조戶曹에 명을 내리기를, "닭·돼지·개·돝[彘]의 가축을 그것들의 번식할 때를 놓치지 않는다면 70대代의 사람들은 고기를 먹을 수 있게 된다고 하였으니, 이것은 왕정王政의 먼저 할 바이다. 우리나라의 풍속은 가축을 기르는 것에 일삼지 않아서 혹 손님 접대와 제사의 쓰임에 있어서도 오히려 또한 넉넉하지 못하니, 이제부터는 경중京中·외방外方의 대소가大小家는 다 닭과 돼지를 기르고, 경중은 한성부漢城府·오부五部에서, 외방外方은 관찰사觀察使·수령守令이 항상 잘 살펴보되, 매해 초마다 그 수를 세어 보고하라. 그 중에 가장 많이 번식한 자는 상賞을 주고, 힘쓰지 않는 자는 벌罰을 주며, 관리官吏도 또한 상세히 검토하여 상벌賞罰하라."

이 대목을 보면 임금이 나서서 가축 기르는 일을 관여할 만큼 이미 548년 전에 조선에서는 양계와 양돈이 장려되고 있음을 알 수 있다.
그렇다면 『표준국어대사전』에서 양돈을 어떻게 풀이하는지 보자.

● 양돈02養豚[양-]

「명사」

돼지를 먹여 기름. 또는 그 돼지. '돼지치기'로 순화.

양돈은 일본어투 생활 용어로 분류되었지만 『조선왕조실록』에도 나왔을 만큼 이미 오래전부터 쓴 말이다.

순화하라고 되어 있는 걸 보니 일본 말일 텐데 사전에는 일본 말이라고 나와 있지 않고 관보 제13269호(1996년 3월 23일)에는 일본어투 생활 용어로 분류되어 있다. 그러나 『조선왕조실록』에 보았듯이 이 말은 일본 말에서 온 것이 아니라 이미 조선 시대에 쓰였다.

한 가지 더 지적할 것은 국어사전에 양돈, 양계, 양우는 나오는데 양마는 없다는 것이다. 조선 시대에 엄청난 말을 기른 기록이 있는데 양마라는 말이 없다는 것은 우리가 쓰던 말을 인위적으로 줄이는 꼴이다. 궤변자들은 말끝마다 일본 말 찌꺼기나 외래어를 빼버리면 우리의 어휘 수가 줄어든다고 난리다. 그런데 실록에 양마 기록이 무려 154건이나 나오는데 어째서 이를 뺀 것인지 이해가 가지 않는다. 전부터 쓰던 말은 싹 빼버리고 우리를 핍박하던 일본인이 쓰는 말 찌꺼기는 버젓이 들여다 사전에 올리는 현실을 어떻게 설명해야 하는지 답답하다. 그것도 국민의 세금으로 꾸려가는 국립국어원의 현실이 이 모양이라니 개탄스럽다.

일본 국어대사전 설명이나 하고 마치자. 『다이지센』에는 다음과 같이 나온다.

● ようとん【養豚】:
肉などを得るために、豚を飼育すること。「—業」

번역하면 "요돈: 고기 등을 얻기 위해 돼지를 사육하는 일, 양돈업"으로 되어 있다. 어이없게도 양돈을 여기서 들여온 말로 턱하니 써둔 것은 잘못되어도 크게 잘못된 것이다.

'수수방관'은
『선조실록』에도 있던 말

중소기업청이 중기 전용 홈쇼핑 신설에 수수방관하고 있다는 지적이 국정감사에서 강하게 제기됐다. 중기 전용 홈쇼핑은 중소기업 제품 판로를 넓히고 판매를 촉진시킬 수 있는 대안으로 손꼽히고 있다. 또 기존에 중소기업제품 판매전용 홈쇼핑으로 인가받은 롯데홈쇼핑을 비롯해 국내 대형 홈쇼핑 업체들의 중소기업에 대한 불공정 행위가 매우 심각한 것으로 조사됐다.

● 『파이낸셜뉴스』 2010년 10월 5일

홈쇼핑 사업은 일확천금을 낳는 판도라의 상자처럼 여겨진다. 텔레비전,

냉장고 등 가정용 전기 제품을 비롯해 컴퓨터, 손말틀(휴대폰)은 물론이고 화장품, 등산용품, 프라이팬 같은 공산품에 이어 곰탕, 게장, 오징어불고기 같은 먹을거리 판매도 연일 호황이다. 소비자야 물품을 주문하면 그만이지만 홈쇼핑 사업에 뛰어들 사람들은 활개 치는 불공정 거래에 속이 탈 것이다. 더구나 감독 기관이 뒷짐 진 채 '수수방관' 하고 있다면 참으로 기막힐 노릇이다.

수수방관袖手傍觀이란 한자말을 풀어보면 소매 수袖, 손 수手, 곁 방傍, 볼 관觀으로 구성된 말이다. 말 그대로 손을 소매에 집어넣고 바라다본다는 뜻이다. 예전에는 옷에 주머니가 없어서 소매가 주머니 구실을 했는데 날씨가 추운 날에는 소매 속에 손을 넣었다. 이렇게 팔짱을 끼고 바라본다는 뜻의 수수방관은 일본 말에서 온 것이 아니다. 그럼에도 관보 제13269호(1996년 3월 23일)에는 수수방관을 일본어투 생활 용어로 분류해놓고 있다.

『선조실록』 40권, 26년(1593년)에 보면, 풍원부원군 유성룡이 진주성 싸움의 패전 원인을 다음처럼 보고한다.

> 사신은 논한다. 외로운 성에 포위가 조여들어 조석사이에 함락될 지경이어서 성중에서는 외원外援을 고대하였건만, 최원崔遠·선거이宣居怡는 군사를 거느리고서도 수수방관하여 드디어 온 성안의 충의로운 장사들로 하여금 모두 흉적의 칼날에 죽게 하였다. 이것은 실로 근래 기강이 해이하여 군율이 엄격하지 못한 데서 연유한 것이니, 군율로 단죄해야지 어찌

팔짱을 끼고 바라본다는 수수방관은 『선조실록』에도 나온다.

용서해서야 되겠는가.

史臣曰: "孤城圍急, 朝夕且陷, 城中苦望外援, 崔遠, 宣居怡, 擁兵不救, 袖手傍觀, 遂使一城忠義之士, 盡塗於凶鋒, 實由近來紀綱解弛, 軍律不嚴之故也. 斷以軍律, 寧可容貸乎!"

이러한 수수방관은 『조선왕조실록』에 59건이나 보인다. 일제강점기보다 훨씬 오래전부터 쓰였다는 말이다. 수수방관처럼 일본 말이 아닌 한자 말은 일본 말로 분류하고 겨울철의 인기 옷감인 기모(보푸라기 옷감) 같은 말은 일본 말임에도 스리슬쩍 국어로 취급하고 있는 게 현실이다.

기름진 '옥토'는
정약용의 시에도 나오던 말

경기 서북부 지역은 한강과 임진강이 만나면서 기름진 옥토를 형성함으로써 아주 오랜 옛날부터 농경문화가 발달한 곳이다. 우리나라 최초의 벼농사를 지었던 지역이 김포시 통진읍 가현리로 이 일대에 전해 내려오던 두레놀이를 통진 두레놀이라 한다.

●김포통진두레놀이

김포 평야는 예부터 기름진 옥토로 알려져 있다. 흔히 쓰는 '옥토'란 말은 무슨 까닭인지 거의 '기름진'이란 말을 달고 다닌다. 기름진 옥토라는 꼴로 흔히 쓰이는 이 말은 『표준국어대사전』에서 다음과 같이 풀이된다.

❋ 옥토02 沃土

「명사」

농작물이 잘 자랄 수 있는 영양분이 풍부한 좋은 땅. '기름진 땅'으로 순화.

순화하라고 되어 있는데 그러나 옥토는 일본 말이 아니다. 다산 정약용의 『시문집』 제5권에 「우복동 노래牛腹洞歌」라는 시가 나오는데 여기서도 옥토라는 말이 쓰이고 있다.

속리산 동편에 항아리 같은 산이 있어	俗離之東山似甕
옛날부터 그 속에 우복동이 있다네	古稱中藏牛腹洞
……	
조금 깊이 들어가면 해와 달빛이 나고	稍深日月舒光色
평평한 시냇물에 산자락이 비쳐 흐르며	平川斷麓互映帶
기름진 땅 솟는 샘물 농사짓기 알맞아서	沃土甘泉宜稼穡
얕고 좁은 구지는 비교도 되잖으며	仇池淺狹那足比
어부가 아무리 돌아도 찾아낼 수가 없다	漁子徊徨尋不得
……	

이뿐만 아니라 『문종실록』 7권, 1년(1451년)에도 옥토가 나온다. 원문의 '옥토'를 국역본에서는 '기름진 땅'으로 번역해놓았다.

향화 야인向化野人 마고음파馬古音波가 상언上言하기를, 살고 있는 곳은 전토田土가 매우 메마르니, 청컨대 기름진 땅으로 이사하여 길이 편맹(編氓, 호적에 오른 백성)이 되게 하여 주소서. 하니, 예조禮曹와 의정부에 명하여 함께 의논해서 아뢰게 하였다.

向化野人馬古音波上言: "所居之地, 田土甚瘠. 請徙居沃土, 永爲編氓."
命禮曹與議政府, 同議以啓.

그럼 일본 국어대사전 『다이지센』에는 옥토에 대한 풀이가 어떻게 나왔을까?

옥토는 조선 시대에도 쓴 말인데, 일본 말에서 온 것으로 둔갑되어 있다.

❋ よくど【沃土】:

　地味の肥えた土壌・土地. 沃地.

번역하면 "요쿠도: 비옥한 토양, 토지, 옥지"로 풀이하고 있는데 옥토는 이미 조선 시대부터 쓰던 말이다. 그럼에도 관보 제13269호(1996년 3월 23일)에서 옥토를 일본에서 온 말로 둔갑시켜놓은 것은 잘못이다.

'익월'과 '익일'은 『인조실록』에도 있던 말

정보통신케이블 TV 요금도 내년부터 '익월 납부제'

내년부터는 케이블TV 요금도 전기나 통신요금처럼 시청한 다음 달에 요금을 내도록 제도가 바뀐다. 또 지역 케이블TV 방송사업자SO마다 서로 다르게 책정된 저소득층·장애인에 대한 요금할인율도 동일 비율로 조정된다.

● 『파이낸셜뉴스』 2009년 4월 16일

월말이 되면 각종 세금과 공과금이 봇물이다. 관리비 등은 이번 달에 쓴 것을 이번 달에 내지만 수도요금은 이번 달에 쓰면 다음 달에 내도록 하고 있다. 그런데 정보통신케이블TV 요금도 이제는 '익월 납부제' 란다. 여기서 재미난 점은 기사 제목에는 '익월' 인데 기사 내용에는 '다음 달' 이라는 것이다.

익월은 1997년에 나온 국어순화용어자료집에서 일본어투 생활 용어 라고 분류해두었지만 이 말은 일본 말이 아니다. '익월' 과 '익일' 은 조선 초기인 1395년에도 쓰던 말이기 때문이다. 먼저 익월의 예를 보자. 『인조 실록』 12권, 4년(1626년) 3월 21일에 이런 기록이 나온다.

> 삼가 생각건대 우리 성상께서 대통大統을 이은 지 4년째 되는 병인년 1월 14일 무오에 계운궁의 병세가 악화되어 경덕궁 회상전會祥殿에서 세상을 하직하시니, 그때 춘추가 49세였다. 초빈하고 난 다음 달 성상께서 세계 世系와 언행에 관한 일체 사항을 써 주시면서 신유에게 그것을 토대로 묘 지명을 쓰도록 명하시었다.
>
> 恭惟我聖上, 纘承大統之越四年丙寅正月十四日戊午, 啓運宮寢疾, 卒于慶 德宮之會祥殿, 春秋四十九. 旣殯之翌月, 自上撰次世系, 言行事始終, 命 臣銈誌之.

이런 익월은 원문 기준으로 실록에 열아홉 건이 나온다. 이번에는 '익 일' 을 보자. 익일은 『조선왕조실록』에서 원문 기준으로 2,100건이나 나오 는데, 『태조실록』 8권 4년(1395년) 8월 28일에 다음과 같은 글이 있다.

영흥부永興府 사람 전 군기감軍器監 박언이 병이 들어 6월 11일 해시亥時에 죽으니, 그 아내의 전 남편 아들인 김원경이 이튿날 진시辰時에 장사를 지냈더니, 4일을 지낸 뒤에 전 낭장 김용균金用鈞이 무덤 앞으로 지나다가 무덤 속에서 종을 부르는 소리가 나매, 그 집에 가서 말하였다. 그 종이 와서 파 보니 다시 죽어 있었다.

永興府人前軍器監朴彦病, 以六月十一日亥時死, 其妻前夫之子金原卿, 以翌日辰時葬. 越四日, 前郎將金用鈞, 道過墓前, 有呼奴聲, 歸告其家, 其奴來發視之, 已還死矣.

『표준국어대사전』에서는 뭐라고 풀이하고 있을까.

❀ 익월翌月

「명사」

　1. = 훗달².

　2. = 내달. '다음 달'로 순화.

❀ 익일翌日

「명사」

　어느 날 뒤에 오는 날. '다음 날', '이튿날'로 순화.

둘 다 순화하라고 되어 있는데 한자 말이라 순화하라는 게 아니라 일본 말이라 순화하라는 것이다. 그러나 익월과 익일은 예부터 쓰던 말일 뿐 일본어는 아니다. 단어 하나라도 조목조목 따져 말밑(어원)을 밝혀야 할 것이다.

중국 하얼빈에서 '반입'된 안중근 동상 유치

부천시는 오는 26일 안중근1879~1910 의사 순국 100주년을 맞아 안중근 순국 100주년 추념식과 추념 음악회 행사를 개최한다. 17일 부천시에 따르면 시는 지난해 10월 26일 중국 하얼빈에서 반입된 안중근 동상을 유치한 데 이어 첫 번째 기념행사로 순국 100주년과 함께 추념행사를 개최한다. …… 이들은 안중근 공원 내 안중근 동상 앞에서 묵념을 갖고, 안중근 추념사 낭독, 안중근 노래 제창, 헌화와 분향으로 안중근 의사의 숭고한 정신을 기릴 예정이다. 부천시 관계자는 "공식 추념식 이후부터 오후 5시까지 일반 시민들의 헌화와 분향이 가능하니 많은 시민과 학생들이 참석해줄 것"을 당부했다.

● 『중부일보』 2010년 3월 26일

안중근 하면 이토 히로부미를 떼어놓을 수 없고 이토 히로부미 하면 일본 제국주의를 떠올리지 않을 수 없다. 한말 의병장 안중근 의사義士는 1909년 초대 조선총독부 통감인 이토를 조선 침략의 원흉으로 지목하여 만주 하얼빈에서 사살하고 그 이듬 해 3월 26일에 순국하셨다. 순국 100년이 되는 2010년에는 당시 각계각층에서 그 용기 있고 의로운 죽음에 대한 추모 행사를 연다는 기사가 넘쳐났다. 그 가운데 『중부일보』의 「하얼빈에서 반입된 동상 부천시 유치」라는 기사가 보인다. 여기서 쓰는 '반입'을 『표준국어대사전』에서 찾아보면 다음과 같다.

❋ 반입搬入〔반입만[바님-]〕

「명사」

운반하여 들여옴. '실어 들임', '실어 옴'으로 순화.

순화의 이유는 일본 말로 분류하기 때문이다. 그러나 이 말은 이미 조선 시대에도 쓴 말이다. 『광해군일기』 76권, 6년(1614년) 3월 26일 기록에 다음과 같은 말이 보인다.

바닷가 백성들의 원망과 괴로움이 이미 극에 달해 낭패스럽고 내지로 반입하는 수고로움 또한 심하여 운반하는 도중에 녹아버리고 줄어들어 백성들에 공급하는 것은 얼마 안 되었습니다.

한말 의병장 안중근 의사. 순국 100년을 맞이해서 하얼빈에서 안 의사의 동상이 반입되었다.

海路怨苦, 已極狼狽, 內地搬入, 勞擾亦甚, 消融損縮, 給民無幾.

반입은 일본에서 들어온 한자가 아니라 전부터 쓰던 한자인 것이다. 그렇다고 해서 반입을 그냥 다시 쓰자는 것이 아니다. 알기 쉬운 '실어 옴' 또는 '들여옴' 같은 말로 바꿔 쓰되 이 말의 출처를 잘 알려줘야 할 것이다.

'대두'는
조선 시대에도 쓰던 말

대두 새송이버섯 된장 볶음 만드는 법

1. 대두는 깨끗이 씻은 후 물을 넉넉하게 붓고 하룻밤 불린다.

2. 새송이버섯은 반 자른 뒤 1.5센티미터 크기로 썰고, 대파는 4센티미터 길이로 토막 낸 다음 채 썬다.

3. 미소(일본 된장)는 체에 한 번 거르고 분량의 볶음 양념 재료와 합한다.

4. 냄비에 대두를 넣고 충분히 잠길 정도로 물을 부어 푹 삶는다.

● 인터넷 포털 다음

설탕도 변변하게 없던 시절 어머니가 해주시던 까만 콩장은 참으로 꿀맛

이었다. 그러나 요즘 애들은 갖은 양념을 해서 만든 콩자반도 잘 먹지 않는다. 그래서 '대두' 새송이버섯 요리 같은 것이 등장한 것일까? 예문의 콩 요리 방법을 가만히 들여다보니, 콩을 대두라 하고 일본 된장인 미소味噌까지 넣고 있다. 이제는 그 대두에 일본 된장까지 넣어 먹는단다. 그러다가 일본 사람 될라.

『표준국어대사전』에서 대두를 찾아보자.

✿ 대두02大豆[대 −]

「명사」『식물』

= 콩01. '콩01'으로 순화.

대두라는 한자 말을 피하고 우리말 콩으로 순화하라는 말은 좋은 지적이다. 그러나 콩을 뜻하는 대두가 일본 말일까? 이는 잘못된 것이다. 이 말은 일찍이 조선 시대에도 널리 쓰던 말이다. 『세종실록』 19권, 1422년 11월 22일에 다음과 같은 기록이 있다.

> 호조에서 계하기를, 헌릉獻陵 길가에 밟아서 손해를 입힌 밭은 한 짐(一卜) 되는 땅에 콩(大豆) 서 되(三升)씩 물어주기를 청합니다. 하니, 임금이 말하기를, 그건 너무 적지 않으냐. 한 짐에 서 되라는 것은 어떻게 계산하는 것이냐.

乙亥/視事. 戶曹啓: "獻陵道傍踏損田每一卜, 請給大豆三升." 上曰: "無乃小耶? 一卜三升, 是何數也?"

또 『고종실록』 14권, 1877년 12월 14일에 나오는 다음 같은 기록에 이르기까지 흔히 쓰던 말이다.

호조 판서戶曹判書 민치상閔致庠이 올린 상소의 대략에,
"신이 중요한 호조戶曹의 자리를 외람되게 차지한 지도 오래되어 한 해의 지출과 수입의 수량은 대체로 문서를 살펴보아 대충 알 수 있습니다. 신이 처음 제수되었을 때인 갑술년1874의 총수량으로 말하면 쌀이 10만 4,200여 곡斛, 콩이 5만 3,200여 곡, 돈이 56만 2,500여 민緡, 면포綿布가 7만 100여 필疋, 마포麻布는 면포에 비하여 10분의 1 남짓이었습니다. ……"
十四日. 戶曹判書閔致庠疏略: "臣大農劇地, 冒蹲且久, 一歲出入之數, 蓋可按簿而領略矣. 只擧臣始除時甲戌總言之, 米爲十萬四千二百餘斛, 大豆五萬三千二百餘斛, 錢爲五十六萬二千五百餘緡, 綿布七萬一百餘疋, 麻布比綿布爲十分一餘矣. ……"

한국 사전과 일본 사전의 콩을 도표로 견주어보자.

	『표준국어대사전』	일본어 대사전 『다이지린』
높이	60~100cm	60cm
잎 모양	잎은 어긋나고 세 쪽 겹잎	3장의 작은 잎이 복수로 달려 있다
꽃 모양	나비 모양 꽃이 '총상화서'로 핀다	나비 모양으로 핀다
원산지	한국, 만주, 아메리카, 아프리카	중국
용도	식용, 기름	풋콩으로 삶아 먹거나, 두부, 된장, 간장 등에 널리 이용된다.

한국 사전에서 콩 꽃이 "총상화서로 핀다"고 풀이한 것은 과거 일본 사전을 답습한 것이다. 이제 일본 사전에서는 총상화서란 말을 빼고 콩 꽃을 '나비 모양'으로 설명하고 있는데 여전히 한국에서는 총상화서라는 말을 쓰고 있다.

또 하나 지적할 것은 콩의 용도다. 우리나라는 수천 년 이어져 내려오는 된장 말고도 간장, 청국장, 두부, 콩조림, 콩나물 등 콩을 이용한 요리가 일본보다 훨씬 많다. 그런데도 콩의 용도를 겨우 '식용, 기름'이라고만 써놓고 있다. 일본 사전에서 '풋콩으로 삶아 먹거나, 두부, 된장, 간장 등에 널리 이용된다'고 풀이하는 데 견주면 빈약하다 못해 초라한 느낌마저 든다. 하나의 낱말이라도 설명에 좀 더 신경을 써야 하지 않을까?

제3장 『표준국어대사전』의 무원칙을 고발한다 1

국어사전에 실린 일본 말

일본 말 가운데 어떤 말은 사전에 있고
어떤 말은 사전에 없는 것은 무슨 까닭일까?
사전을 만든 사람들은 무슨 생각으로
낱말을 빼고 싣는 것인지를 묻고자 한다.
국어사전에 실린 일본 말과 국어사전에 실리지 않은
일본 말로 나누었다.

냉면 육수와 '다대기'

> 저는 결혼 1년차 새내기 주부입니다. 함흥냉면에 대해서 자세히 알고 싶어요. 육수와 비빔 다대기 만드는 방법을 좀 자세히 알려주세요.
>
> ● 인터넷 포털 다음

인터넷에는 요리에 대한 질문이 많이 올라와 있다. 맛있는 음식을 만들어 식구들을 즐겁게 해주니 좋은 일이다. 그런데 식당에서 또 음식을 만들 때 흔히 듣는 '다대기'란 무엇일까?

■ **표준국어대사전**

❊ 다대기(←〈일〉tata[叩]ki)

양념의 하나. 끓는 간장이나 소금물에 마늘, 생강 따위를 다져 넣고 고춧가루를 뿌려 끓인 다음, 기름을 쳐서 볶은 것으로, 얼큰한 맛을 내는 데 쓴다. '다진 양념', '다짐'으로 순화.

■ **일본 국어사전**

❊ たたき【×叩き／×敲き】

生の魚肉・獣肉などを包丁の刃でたたいて細かくした料理

『표준국어대사전』에 나온 설명이 자세하지만 '다대기'는 말만 일본 말이지 설명은 순 한국식이다. 왜냐하면 일본 다대기에는 마늘, 생강, 고춧가루 등이 쓰이지 않기 때문이다. 그뿐만 아니라 일본에는 고소한 맛을 내는 참기름, 깨소금도 없으며 고추장도 없다. 일본 요리의 양념이란 간단히 말해 간장과 설탕, 소금, 가다랭이포가 전부라고 해도 지나친 말이 아니다.

일본에는 갖은 양념이란 개념이 없다 보니 요리도 가짓수가 많지 않다. 우리가 흔히 먹는 나물을 예로 들어보자. 시금치나물, 콩나물, 숙주나물, 취나물, 고사리나물, 도라지나물, 고구마 순 나물, 채나물, 비름나물, 냉이무침……. 우리는 자연에서 얻는 천연 재료를 많이 쓰고 있다. 이런 나물에는 반드시 공통된 양념이 들어가는데 '갖은 양념'이 바로 그것이다. 일본의 경우에는 시금치나물 정도는 먹지만 그것도 살짝 데쳐내어 간장을 뿌려 먹는 게 고작이다.

나는 고구마 순 나물을 좋아하는데 고구마 순 나물 하면 일본에서 있던 일이 추억으로 떠오른다. 유학 시절 사이타마 현 고마 마을에 간 적이 있었다. 고마는 高麗라고 쓰며 고구려를 뜻한다. 도쿄에서 두 시간 정도 거리에 있는 이 마을은 말 그대로 1300여 년 전에 고구려인의 후예들이 집성촌을 이루며 살았고, 지금도 옹기종기 고마신사高麗神社를 둘러싸고 사는 곳이다. 청명한 초가을 노리코 씨와 모처럼 고구려 마을을 찾아가는 길은 한국의 시골 마을과 흡사 닮아 있었다. 드문드문 마을 사이에는 무와 배추 밭이 있었고 길가에는 탐스런 고구마 순이 넘실거렸다. 나는 순간 노리코에게 말했다. 고구마 순이 맛있어 보인다고 말이다. 그러자 노리코는 나를 이상한 눈으로 바라보면서 되물었다.

"이걸 한국에서는 먹습니까?"

나는 그렇게 묻는 노리코가 이상했지만 갖은 양념이 없는 일본인에게는 고구마 순을 먹는 게 야만처럼 보였을지 모른다. 길가에 떨어져 수북하던 도토리로 "묵을 쑤어 먹으면 맛있겠다"라고 했을 때도 그녀는 의아한 듯 날 바라다보았다. 묵이야말로 갖은 양념으로 무쳐 먹어야 제 맛이므로 갖은 양념이 없는 일본인이 도토리묵의 그 쌉싸름하면서도 알싸한 맛을 알 리가 없다.

갖은 양념이 있는 한국에서 웬 '다대기?'

마늘과 고춧가루는 한국 요리에 필수다. 이것이 있어야 김치도 담그고 얼큰한 해물탕도 끓일 수 있다. 일본에는 나물류도 없지만 우리의 탕에 해당하는 요리도 없다. 매운탕, 해물탕, 아구탕, 꽃게탕, 감자탕, 동태찌개도 없고 배추김치, 깍두기, 파김치, 갓김치, 꼬들빼기, 물김치, 동치미 같은 김치도 물론 없다. 이렇게 갖은 양념으로 수십수백 가지 반찬을 해 먹는 우리가 왜 다대기 같은 일본 말을 써야 하는지 안타깝다. 국어사전에서 말한 대로 '다진 양념' 또는 갖은 양념쯤으로 부르든지 더 좋은 말을 만들든지 할 일이다.

'마호병' 들고
창경원 나들이길

마호병을 들고 온 식구가 창경원을 갔다. 나무그늘 아래서 한복 입은 엄마와 형, 아버지가 돗자리 깔고 앉아 김밥을 먹던 추억을 잊지 못한다. 마호병의 뚜껑을 열어 엄마는 따뜻한 물을 따라 주셨다.

● 인터넷 포털 다음

■ **표준국어대사전**

❀ 마호-병(〈일〉mahô[魔法]瓶)

「명사」

물 따위를 넣어서 보온이나 보냉이 가능하게 만든 병. ≒마법병.

■ 일본 국어사전

1. まほうびん【魔法瓶】

    保溫または保冷に用いる容器. 內外

2. 層のガラスの間を眞空にし, 內壁を銀めっきして熱の傳導・放射・對流を防ぎ, 中に入れたものの溫度を長時間保たせる. ジャー. ポット.

요즈음은 보온병이란 말을 많이 쓰지만 내 어렸을 때만 해도 마호병이란 말이 더 많이 썼다. 그때는 마호병을 들고 창경원 나들이 가는 게 식구들의 큰 바람이었다. 일본제국주의자들은 남의 나라 궁궐에 난데없이 원

요즘은 흔히 보온병이라고 하지만 예전에는 마호병이라는 말을 더 많이 썼다. 그때는 마호병 들고 일제가 창경궁을 뜯어 만든 창경원으로 나들이 가는 게 큰 바람이었다.

숭이며 호랑이 등 동물 농장을 만들어놓고 창경원이라는 이름을 붙였다. 500년 사직을 담은 궁궐이 뜯기고 만들어진 창경원은 동물을 구경하려고 마호병에 마실 거리를 담아 사쿠라(벚꽃)를 보러 나온 시민들로 만원이던 때가 있었다. 그러다가 창경원의 동물원이 과천으로 이사 가고 식물원만 남은 상태로 궁궐을 대대적으로 복원하게 되어 창경궁으로 회복한 것이 1984년도 일이다.

마호병은 마법병(魔法甁, まほうびん, 마호빙)의 마법 부분만을 마호라 부르고 거기에 병 자를 붙여 부르는 것이다. 『일본대백과전서』를 보면 일본에 이 마호병이 처음 들어온 것은 1911년도에 독일에서 수입했을 때였다. 1892년 영국의 화학자이자 물리학자인 제임스 듀어가 액체 가스를 보존하기 위해 발명한 것으로 듀어병이라고도 부른다고 한다.

마호병이란 말이 나왔으니 말인데 한때 마호병 하면 일제 코끼리표가 으뜸이었다. 코끼리전기밥통으로 유명하던 그 상표 말이다. 당시 한국 아줌마들이 일본 여행을 하고 돌아올 때는 코끼리표 밥통을 양손에 들고 어깨에 메기도 부족하여 발로 밥통을 밀면서 입국했다는 웃지 못할 이야기가 있다. 초창기 우리나라 전기밥통은 밥을 장시간 보관하면 누렇게 되어 버리고 밥맛도 없는 데 비해 코끼리표 밥통은 밥맛이 아주 좋다는 소문이 퍼져 주부들 사이에서 인기가 있던 것이다.

일본에서는 조지루시象印, ぞうじるし이라는 상표인데, 이 조지루시는 이후 영어로 zojirusi라는 상표로 표기하며 현재 한국에서도 조지루시 상표

의 일본제 가전제품이 많이 팔린다. 보온병으로 시작한 조지루시 회사 (1918년 설립)는 전기포트, 전기밥솥, 보온병은 물론이고 공기청정기, 식기세척기, 건조기 등 생활가전 메이커의 자리를 고수하고 있다. 그러나 밥통을 비롯한 생활가전제품은 예전에 인기 있던 일본제 조지루시보다 국산 제품이 워낙 질이 좋아서인지 내 이웃을 봐도 조지루시 물건을 그다지 많이 갖고 있지는 않은 것 같다. 그런데 보온 물병만큼은 우리 것이 시원찮아서인지 더러 이 상표의 보온병이 눈에 띈다.

언제까지 마호병으로 불릴 것인가 내심 우려했더니 어느새 보온병으로 정착되어가고 있어 기쁘다. 우리가 아무 비판 없이 쓰던 마호병보다는 보온병 쪽이 뜻이 뚜렷하다. 그러나 더 좋기로는 한자말보다 우리 토박이말이 더 좋다. 따뜻한 마실 거리를 담는 물병을 우리말로 무엇이라 부르면 좋을지 공모라도 해봐야 할 것 같다.

군대 간 아들
'무데뽀' 상면기

대학 2년 열아홉에 군대 지원한 아들 녀석. 오늘까지 74일째다. 논산에서 훈련받고 의정부 쪽에 발령받았다던 게 지난 화요일. 금요일 휴일 전야에 모인 자매들과 거실에 줄줄이 누워 아들 얘기를 했다. / 언냐, 우리 조카 보러 가자 / 백일 휴가 이후로나 면회 가능하대, 근데 훈련 중 단체 기합으로 어깨를 다쳤는데 곧 병원 보내겠다고 중대장이란 분이 전화 왔어. 걱정된다. / 그으래? 우리 부대 앞에 가서 음식이라도 들여보내자 / …… 아들이 전화로 불러준 사서함 번호와 의정부와 덕정의 중간쯤 같다는 말뿐 위치도 제대로 된 주소도 없이 …… 아들 중대장이란 분이 첫 번 걸어온 전화번호 하나만 믿고 무뎁뽀, 용감무쌍하게 부대를 향하여! ●인터넷 포털 파란

■ 표준국어대사전

❀ 무데뽀(←〈일〉muteppô 無鐵砲/無手法])

「명사」

일의 앞뒤를 잘 헤아려 깊이 생각하는 신중함이 없음을 속되게 이르는 말. '막무가내', '무모03'로 순화.

■ 일본 국어사전

「むてんぽう無点法」の轉とも, 「むてほう無手法」の轉ともいう. 「無鐵砲」は当て字, どうなるか先のことをよく考えず強引に事を行う・ことさま. むこうみず.

오늘로 군대 간 지 74일! 사랑하는 아들을 기억하는 엄마와 이모들이 거실에 누워 면회 갈 궁리를 하는 모습이 그려진다. 날짜가 외우려고 외우는 게 아니다. 저절로 외워지는 것이다. 그것은 첫 돌을 맞이하기 전까지 아이의 출생일을 날짜 단위로 외고 있는 아이 엄마의 마음과 같다. 첫돌이 지나고 나면 일 단위로 외우던 나이는 연年 단위로 외우게 된다. 그러다가 삼십이 넘어서면 서른셋인가 넷인가 헷갈리고 자식 나이가 오십이나 육십 줄로 들어서면 이제 당신 나이조차 쉽사리 헤아리지 못하는 게 우리네 엄마들의 인생이다. 그 아들을 만나러 맛난 음식을 싸들고 면회 가는 모습은 군대를 보낸 가정이면 어느 가정이나 겪을 법한 이야기다. 예문에서 보면 아들 있는 곳에 대한 정보는 사서함 몇 번지가 고작이다.

이 집 식구들은 그저 중대장이 걸어온 전화번호 하나 믿고 '무뎁뽀'로 출발한다고 했다.

일본어 뎃포鐵砲, てっぽう가 총을 가리키는 말이니, 무데뽀는 총 없이 막 덤비는 것을 말한다. 전쟁터에서 군인이 총 없이 무데뽀로 달려드는 것만큼 무모한 일도 없을 것이다. 무데뽀를 비롯하여 이빠이一杯, 시다바리下張り, 나와바리繩張り, 유도리ゆとり, 와리바시割(り)箸, 쓰나미津波, 히야시冷(や)し, 같은 말은 발음만 보고도 일본 말에서 나온 말임을 알 수 있다. 이빠이는 가득으로, 시다바리는 심부름꾼으로, 나와바리는 독무대 또는 영역으로, 유도리는 융통성으로, 와리바시는 나무젓가락으로, 쓰나미는 지진해일

에도 시대 외국인 거주구역을 나타낸 그림. 무모함을 뜻하는 무데뽀는 총이 도입된 에도 시대 일본에서 총 없이 덤비는 군인에서 만들어진 표현이다.

국어사전에 실린 일본 말

로, 히야시는 차게 하다로 바꿔 쓰는 것을 권장하는데도, 더러는 알면서도 재미로 쓰는 사람들이 있는데 자라나는 아이들 앞에서라도 조심할 일이다.

'미싱'사, 오버사, 시다, 실밥 따실 분급구

- 남녀미싱사 및 재단사 조립사 시다 급구함 경력자 우대 초보가 캐주얼핸드백 제조업체 중화동 ○○산업 02-598-○○99
- 고인찌사 와끼사 미싱사 구함 신당동 ○○청바지전문 02-220○-98○○
- 미싱사 삼봉사 오버사 시다 실밥 따실분 ○○어패럴 02-450-79○○

2009년 2월 12일자 『성동 벼룩시장』 49쪽에 나온 구인 광고문이다. 『성동 벼룩시장』은 성동, 광진, 동대문, 중랑구 지역을 대상으로 하는 신문이다. 전국적으로 발행되는 이 소식지는 사람들에게 매우 인기가 있어 지역 규모가 큰 곳은 지면이 100쪽을 넘기도 하지만 이곳은 지면이 전부 63쪽이다. 어느 지역을 가든 나는 먼저 그 지역의 『벼룩시장』을 길거리에서 뽑아 보는 습관이 있다. 그 어떤 정보보다 그 지역에서 일어나는 크고 작은 일과 분위기 파악에는 『벼룩시장』만 한 것이 없기 때문이다. 소박하고 질박하면서도 재미나다.

▪ 표준국어대사전

✿ 미싱〈〈일〉mishin〉

「명사」

＝재봉틀. '재봉틀'로 순화.【＜machine】

▪ 일본 국어사전

✿ 『sewing machineから』

1. 布・紙・革などを縫い合わせたり, 刺繡したりするのに使う機械.

2. 紙などの切り取り線上にあけた点線狀の穴.

다시 『성동 벼룩시장』의 구인난 광고문을 보자. 광고문을 통해 이 지역에 의류업체가 많이 있음이 알 수 있다. 미싱사, 재단사, 조립사, 실밥 따실 분 같은 말은 그 뜻을 알 수 있겠는데 삼봉사, 고인찌사, 와끼사, 시다 같은 말은 언뜻 무슨 뜻인지 감이 와닿지 않는다. 이 가운데에서 시다라는 말은 재봉사 밑에서 실밥도 따주고 허드렛일을 맡아주는 사람쯤으

재봉틀을 뜻하는 미싱은 sewing machine에서 머신만을 발음한 일본어에서 비롯된 말이다.

로 알고 있었는데 광고를 보면 그렇지도 않은 것 같다. 시다와 실밥 따실 분 광고가 따로 나가는 걸 보면 말이다.

　재봉틀을 가리키는 '미싱'이란 말의 유래를 보면 재미나다. 이 말은 영어 단어 sewing machine 가운데 바느질을 뜻하는 소잉sewing 부분을 떼어버리고 머신machine만을 발음한 것인데, 이마저도 일본어에 '머' 발음이 없어 '미싱ミシン'이라고 하게 된 것이다. 곧, 재봉틀을 일컫는 이 낱말을 한국에서 들여다가 '재봉틀=미싱'으로 쓰고 있다. 거기다가 재봉사 하면 될 것을 '미싱사' 하고 있는 것이다. 이밖에도 양재에 관련된 부분에는 특히 일본 말이 많이 남아 있다. 에리襟, 소데袖, 우라裏, 아이롱アイロン 등 헤아릴 수 없을 정도인데 이 분야에 종사하는 분들 스스로 자정 작업이 필요하지 않을까. 우선 에리는 옷깃으로, 소데는 소매로, 우라는 안감으로, 아이롱은 다리미로 바꿀 수 있으니 이것부터 바꿔 쓰는 것이 어떨까.

우리 밀로
'앙꼬 빵' 만들기

유기농 우리 밀 통밀을 이용하여 크림치즈와 카야잼을 넣고 앙꼬 빵을 만들어봤답니다. 작게 만들어 하나씩 먹기에 부담이 없고 우리 밀 통밀을 이용하여 몸에도 좋고 속도 편한 빵이랍니다.

● 인터넷 포털 다음

우리 밀로 앙꼬 빵을 만들었다? 왜 멀쩡한 조선 밀에 일본 말을 섞을까. 인터넷에 자랑스러운 듯 우리 밀 빵 사진을 올린 사람은 이십 대 아가씨 같다. 딴엔 우리 밀로 만든 빵을 자랑하고 싶은 거겠지만 '앙꼬'가 일본 말인 줄은 모른다. 한 사람이 아니다. 인터넷 포털의 블로그에는 온통 '앙꼬 빵' 찬양 문구가 즐비하다. 밥맛 없는 아침 대용으로 간단히 먹고 출근 길에 나설 수 있는 앙꼬 빵은 사람들에게 인기 만점이란다. 대관절 앙꼬 란 무엇일까?

■ 표준국어대사전

❋ 앙꼬(〈일〉anko)

「명사」

1. 떡이나 빵의 안에 든 팥. '팥소'로 순화.
2. 『광업』 다이너마이트를 남폿구멍에 넣고 난 다음 그 둘레에 다져 넣는 진흙 따위의 물질.

■ 일본 국어사전

❋ あんこ【餡こ】

1. 餡あんのこと.
2. 膨らみをもたせたり, 形を整えたりするために, 中に詰めるもの. あん.

이 일본어사전 풀이처럼 앙꼬의 재료는 팥이나 강낭콩으로 한정된 것이 아니라서 속을 채우는 것이면 뭐든지 앙꼬다. 그러니까 녹두, 밤, 검은 깨, 땅콩, 호두, 대추, 바나나 등이 모두 앙꼬가 된다. 그런데 한국어사전에서는 이 단어의 쓰임을 '팥'에만 한정하고 있다. 실제로는 일본처럼 밤이나 고구마, 검은깨 등도 속 재료로 쓰는데 말이다. 속 재료로 밤을 넣으면 밤빵이요, 팥을 넣으면 팥빵이라 부르면 되는 것을 앙꼬 빵 하는 것은 옳지 않다. 더구나 서양 밀가루도 아닌 우리 밀 앙꼬 빵은 꼭 된장찌개를 와리바시(젓가락)로 먹는 꼴이다.

일본어에서는 앙꼬의 재료를 팥이나 강낭콩으로 한정하지 않고 속을 채우기만 하면 뭐든 앙꼬가 된다. 한국어에서는 이 낱말을 팥으로 한정하고 있다.

'야끼만두'
만드는 법을 알고 싶어요

군만두, 찐만두 같은 만두 말구요. 떡볶이 먹을 때 많이 넣어먹는 야끼만두는 어떻게 만드는가요? 일단 안에는 당면이 들어가는 거 같은데 그럼 그 바삭바삭한 껍데기는 그냥 밀가루로 만드나요?

● 인터넷 포털 다음

의외로 인터넷에는 '야끼만두'에 대한 글이 많다. 야끼만두 맛있는 집, 맛있게 만드는 법 등 관심이 꽤 크다. 그런데 예문에서 알 수 있듯이 군만두와 야끼만두를 서로 다른 것처럼 생각하는 사람들이 있다. '야끼만두'란 대관절 무슨 만두인가?

■ **표준국어대사전**

　● 야끼만두(←〈일〉ya[燒]ki饅頭)

　　→ 군만두

■ **일본 위키피디아**

　焼きまんじゅうは、群馬縣地方の鄉土食の一種.

　　야끼만두를 알기 위해서는 일본 말 야쿠燒く를 알아야 한다. 야끼만두는 '야쿠'에 만두를 붙인 말인데, 일본 말 야쿠는 굽다, 태우다, 지지다의 뜻이 있다. 예를 들면 한국어에서 1) 김을 재다, 굽다 2) 부침개를 지지다 3) 빵을 굽다 4) 낙엽을 태우다 5) 만두를 굽다 6) 숯을 굽다 등에 해당하는 일본 말이 야쿠이며 '야끼'는 여기서 나온 말이다. 그런데 한 가지, 일본어 'き'는 외래어표기법에 '키'라고 표기한다고 되어 있는데도 야키만두가 아닌 야끼만두가 『표준국어대사전』에 올라 있다.

　　십여 년 전 일본 와세다대학에 연구원으로 있을 때 일이다. 도쿄의 한 지역신문에서 구청 주부들을 위한 김치 특강 취재를 하고 싶다는 연락이 왔다. 구청 담당자가 어떤 준비물이 필요하느냐고 문의해오기에 참석자 숫자만큼의 배추와 기타 김치 재료를 주문했다. 그러고는 김치 강습 후에 부침개라도 부쳐 먹을까 싶어서 부침개 재료도 부탁하고는 약속 날짜에 구청으로 갔다. 김치에 관심이 많은 주부 이십여 명이 앞치마를 두르고 내가 오기만을 기다리고 있었다. 배추 절이는 것부터 가르쳐줄 요량으로 배추를 한 사람당 한 포기씩 요리대 위에 올려놓으라고 했더니 아뿔사! 준비된 배추는 달랑 한 포기밖에 없다. 어찌된 영문인지 물으니 담당자가 하는 말이 일본 슈퍼에는 통으로 파는 배추가 없으며 있다 하더라도 스무 포기를 파는 슈퍼는 없다는 것이었다. 그러면서 내가 배추 한 포기를 준비해달라는 것으로 잘못 알아들었다는 것이다. 적어도 김치를 담그려면 직접 자신이 만들어보아야 함에도 준비된 배추가 부족하여 방법만을 설명하는 데 그쳤다.

    문제는 부침개를 부치는 시간이었다. 구청 조리 실습실에는 평소 주부들이 지역의 요리가를 초청해서 요리 공부를 하고 있는 것인지 세세한 조리 기구들이 많이 갖추어져 있었다. 일본에도 우리의 부침개 비슷한 게 있는데 오코노미야키가 바로 그것이다. 그러나 한국의 부침개와는 근본부터 다르다. 나는 최대한 집에서 부쳐 먹는 식으로 반죽하는 법과 놀놀하게 지지는 방법을 가르쳐주려고 애썼다. 그런데 후라이팬에 밀가루 반죽을 올려놓고 뒤집을 때가 되어 '자자, 반죽 가장자리가 요렇게 지져지면 부침개를 잘 뒤집으세요'라고 말해야 하는 순간에 '지지다'라는 뜻에 맞는 일본 말이 떠오르지 않는 것이었다. 그때 후라이팬에서 눈을 떼지 않던 주부 한 사람이 '야키마시타라(지져지면)'라는 말을 대신 해주는 것이었다. 맙소사! 야끼만두의 그 야키였다. 일본식대로 직역하면 '굽다'였기에 미처 '지지다'로 생각 못한 것이었다.

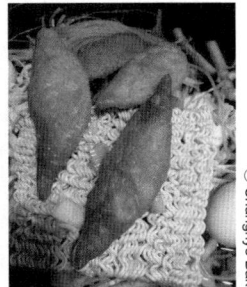

일본의 야키만주는 한국의
군만두 '야끼만두'와 다르다.

　우리말에는 지지미를 지지다 또는 파전을 부치다라는 말이 있는가 하면 시금치를 데치고 달걀을 삶으며 뼈를 고고 콩을 졸이고 약을 달이고 차를 끓인다고 하는 말이 각각 따로 있다. 그러나 일본 말에서는 지지고 부치고 굽는 것은 '야키燒き'이고, 달이고 졸이고 끓이는 것은 '센지루煎じる'라고 한다. 참으로 단순하다.

　조리법이 그렇게 다양한 우리가 군만두를 구태여 야끼만두라고 불러야 할까? 음식 이름에 너무 알레르기를 보이는 것 아니냐고 할 사람들이 있겠지만 소바를 메밀국수라 하고 스시를 초밥, 사시미를 회라고 해서 거부감이 일지 않듯이 우리 식으로 바꿔 불러도 된다면 그렇게 부르는 것도 좋지 않을까 싶다. 참고로 '야키'가 들어가는 일본 음식에는 야키소바燒きそば, 오코노미야키おこのみやき, 야키니쿠やきにく, 뎃판야키てっぱんやき, 등이 있다. 야키소바는 볶음국수, 오코노미야키는 우리식 부침개, 야키니쿠는 불고기, 뎃판야키는 철판구이로 바꿔 쓸 수 있다.

'찌라시'

'증권가 찌라시'라는 말이 있다. 증권가에 찌라시란 말만 붙인 것인데도 무언가 있어 보이고 신빙성이 있어 보인다. 왜일까? 이른바 증권 전문가들은 신문 지상의 모든 내용을 증권과 주식에 연관시킬뿐더러 정부가 무엇을 하거나, 회사가 수주를 따냈다거나 횡령을 했다거나 하는 신문지상의 모든 내용을 찌라시로 만들어 돌린다. 별 것 아닌 장난 삼아 주고받는 대화 내용 속에서도 정보가 넘쳐나고 그러한 내용 속에서 무수한 공작이 이루어지며 상대를 유혹하는 내용들이 퍼져 나가는 그 속에서 진주를 건져야 돈을 벌 수 있기 때문에 증권가에서는 찌라시에 촉각을 곤두세우기 마련이다.

● 인터넷 포털 다음

찌라시도 이쯤 되면 돈벌이에 없어서는 안 되는 정보 상자다. 판도라의 상자는 아니더라도 말이다. 우리가 흔히 쓰는 일본 말 '찌라시'는 증권가에서만 쓰이는 게 아니다. 아이나 어른이나 흔히 입에 달고 쓰는 것을 자주 봐왔다. 그런데 『표준국어대사전』에 보면, '찌라시'가 아닌 '지라시'라고 나와 있다. 왜 이렇게 썼을까? 단어 첫머리에 오는 ち를 '찌'나 '치'가 아니라 '지'라고 쓰도록 되어 있는 외래어표기법에 따라 지라시가 된 것이지만 '지'는 글자가 따로 있어 맞지 않다.

■ 표준국어대사전

❋ 지라시(〈일〉chirashi[散])

「명사」

선전을 위해 만든 종이 쪽지. '낱장 광고', '선전지'로 순화.

■ 일본 국어사전

1. ちらし【散らし】

『動詞「ちらす」の連用形から』1 廣告・宣傳のために配る印刷物. 多くは一枚刷りで, 新聞に折り込んで配る. 散らし廣告.「大賣り出しの―」

2. 「散らし鮨ずし」の略.

3. 「散らし模樣」の略.

4. 「散らし」

아파트 현관 입구에 보면 중화요리 전단이나 피자 전단 등이 하루에도 수십 장씩 붙어 있다. 한 장짜리 종이로 만들면 바로 쓰레기통으로 들어가서인지 요새는 아파트상가연합회에서 아예 버리기 아까울 정도로 디자인 등에도 신경 써서 두툼한 소형 책자로 만들어 뿌리는 통이다. 그뿐만 아니라 전단 속에 할인 티켓도 붙여둘 만큼 전단지는 일상생활 속에 깊숙이 들어와 있다. 이제는 없애기 어려운 '찌라시'. 말이라도 '전단지'로 고쳐 쓰는 게 좋지 않을까? 지금은 전단지라는 표현이 널리 쓰여 그래도 다행이다.

없애기 어려울 만큼 흔히 활용되는 정보 상자 찌라시.

스케치북과
4B 연필 한 '다스'

온라인 실기실 회원 여러분 반갑습니다. 온라인상으로라도 그림을 배우고자 하시는 열정이 멋지십니다. 오프라인에 비해 혼자 그려야 하기 때문에 철저히 시간과 노력을 투자해주셔야 합니다. 하시다가 힘드신 점이 있으시다면 바로 게시판에 남겨주세요. 항상 함께하며 도와드리겠습니다. 배우고자 하는 처음 마음 그대로 끝까지 함께해 주시길 바랍니다.
첫 시간 왕초보 재료는 이젤(나무 또는 야외 이젤), 4절 합판, 4절 스케치북, 4B 연필 한 다스, 지우개 한 줄, 깍지 그리고 끝까지 함께할 열정!

●인터넷 포털 다음

▪ **표준국어대사전**

　❀ **다스**(〈일〉dâsu)

　「의존명사」

　물건 열두 개를 묶어 세는 단위. '12개', '타打'로 순화.【<dozen】

▪ **일본 국어사전**

　❀ **ダース**

　『dozenから』數量の單位の一. 12個, また12個のもの一組み. 「鉛筆半一」

　• 「打」とも書く.

참 좋은 누리집이다. 그림 그리고 싶은 분을 위한 온라인상의 실기실이라! 한번 배워서 그려보고 싶다. 그림을 그리기 위해서는 도구가 필요하다. 그 가운데서도 빠지면 안 될 게 연필이다. 4B 연필 한 다스! 어렸을 때 몽당연필을 비롯하여 연필에 대한 추억은 많다. 그래서인지 샤프가 흔해 빠진 지금도 나는 연필을 즐겨 쓴다. 밑줄용으로는 샤프보다 연필이 훨씬 좋다. 쓸 때 들리는 사각거리는 소리도 좋거니와 책을 보기 전 고요히 앉아서 연필을 깎는 시간은 온전히 마음의 준비를 하는 시간이기 때문이기도 하다.

햄스타 파라다이스, 눈 오는 날, 푸토푸토 씨월드, 클래식 루루, 향기를 타고, 예스펜슬, 학문 성취……. 내 필통에 있는 연필 이름이다. 사람마다 이름이 있듯 연필에도 이름이 있다. 이런 연필들은 대개 낱개로 팔기보다는 한 다스씩 팔기 마련이다. 내가 연필을 좋아하기 때문에 해외여행이나 유명한 관광지 등에 다녀오는 사람들은 내게 연필 한 다스를 선물로 사다 준다. 비싸지도 않으면서 내게는 아주 고마운 선물이다.

그런데 위 일본어 국어사전에서 보면 '다스'가 영어 단어 dozen에서 나온 말임을 밝히고 열두 개를 뜻한다고 했다. 그러나 우리 국어사전은 다스가 어디서 나온 것인지 밝히지 않은 채 '물건 열두 개를 세는 단위'라고 해놓았다가 뒤늦게 dozen에서 유래한 표현임을 밝혀놓았다. 사전 설명치고는 너무 부실하다. 다스라는 말이 하늘에서 떨어지기라도 했다는 말인가! 양심적인 사전이라면 "영어 'dozen'을 일본에서 '다스ダース'라 했는데 우리가 이를 들여다 쓰고 있다"라고 설명해야 한다. 위와 같이

다스는 dozen을 일본에서 가리킬 때 다스ダース라고 적은 것을 우리나라에서 그대로 들여다 쓰는 것이다.

얼버무린다고 해서 모를 것도 아닌데 말이다. 무엇보다도 자라나는 아이들에게는 말의 유래를 밝히고 말밑(어원)도 함께 밝혀주는 게 좋다. 남에게서 들여온 것이 부끄러운 게 아니라 이를 알리지 않는 것이 부끄러운 것이다.

더군다나 순화하라고 한 말도 일본 말을 그대로 따르고 있다. 그대로 적용하면 "연필 한 타"가 되는데 이것이 무슨 순화란 말인가! 영어 dozen을 다스로 쓰지 말고 일본 말에서 말하는 타打로 쓰라는 게 순화라니 국어 순화의 길이 막막하다. 연필 열두 개를 뜻하는 좋은 우리말로 뭐가 좋을까? 연필 한 묶음 또는 한 다발은 어색할까? 이것이 개수를 정확히 밝힌 표현이 아니라면 새로운 표현을 고안해내는 것이 좋겠다.

여자들은
어떤 '스킨십'을 좋아하나요

> 제가 이번에 저보다 한 살 많은 여자 친구한테 스킨십을 해보려 하는데요. 여자 친구도 제가 해줬으면 하네요. 어떤 스킨십을 좋아할까요?
> ●인터넷 포털 다음

중학생이라고 자신을 소개하는 남학생의 글이다. 아무리 자기 이름이 직접 드러나지 않는 인터넷 세상이라고 해도 예전에는 상상도 하지 못했던 질문이 쏟아지고 있다. 그나저나 이 학생이 말하는 '스킨십'이란 대체 무엇일까?

표준국어대사전

❋ 스킨십▼skinship

「명사」

피부의 상호 접촉에 의한 애정의 교류. 육아 과정에서 어버이와 자식 사이, 또는 유아의 보육이나 저학년의 교육에서 교사와 어린이 사이에서 그 중요성이 강조된다. '살갗 닿기', '피부 접촉'으로 순화.

일본 국어사전

スキンシップは, 母親と子供を始めとする家族關係にある者や, ごく親しい友人同士が抱きしめ合ったり手を握り合う, あるいは頰ずりするなど身體や肌の一部を觸れ合わせることにより互いの親密感や歸屬感を高め, 一體感を共有しあう行爲を指す言葉である.

『표준국어대사전』에는 스킨십을 위와 같이 풀이하면서 어느 나라 말에서 유래한 것인지는 밝히지 않고 다만 '순화' 하라고만 한다. 언뜻 보면 영어 같지만 이 말은 일본 사람들이 만들어 쓰는 말이다. 일본 위키피디어에서 스킨십을 풀이한 것을 번역하면 "스킨십이란, 부모와 자녀를 비롯한 가족 관계에 있는 사람들 또는 친한 친구끼리 서로 안거나 손을 잡는 일 또는 뺨을 비비는 등 신체나 피부 일부를 접촉함으로써 서로 친밀감이나 귀속감을 높이고 일체감을 공유하는 행위를 이르는 말"이다.

그렇다면 이 말은 언제 만들어진 것일까? 일본 쇼가쿠칸(소학관)의 『일본대백과전서』에는 이 말이 생겨난 시기를 1953년으로 보고 있다. 1953년에 개최된 세계보건기구WHO 세미나에서 미국인 여성이 만들어 사용하는 것을 히라이 노부요시平井信義 씨가 일본에 소개하여 전국에 퍼졌다고 한다. 엄격히 말하면 화제 영어(和製 英語, 일본제 영어)는 아니지만 미국에서는 쓰이지 않는 말이 스킨십이다. 위키피디아는 한국에서도 일본에서 수입한 이 말을 그대로 쓰고 있다고 소개하고 있다.

내가 보기에는 그대로 쓰는 정도가 아니라 신나게 쓰고 있는 느낌이다. 심지어는 어린 학생들까지도 스킨십에 대한 노골적인 질문을 인터넷이 올릴 정도니 말이다. 하나의 낱말이 들어와 퍼지기 시작하면 엄청난

일본에서는 스킨십을 가족 관계에 있거나 친한 친구끼리 신체나 피부를 접촉해서 서로 친밀감을 높이는 행위라고 정의한다.

속도로 번지고 한번 이미지화해버리면 좀처럼 대체할 말이 없을 정도로 강하게 박혀버리는 게 외래어의 속성이다. 쓰지 말자고 하기보다는 국어사전에서 이 말이 어디서 유래한 것인지라도 분명히 밝혔으면 한다.

스킨십과 같은 일본제 영어는 오더메이드, 사이드브레이크, 덤프카, 치어걸, 베드타운, 백미러 등 수없이 많지만 특이한 것은 이런 말들이 만들어지면 영락없이 한국으로 들어와 한국인들이 더 신나게 쓴다는 점이다. 문제는 국어사전에 있다.

❂ 사이드 브레이크 side brake

「교통」

주차 중에 자동차가 움직이지 않도록 손으로 작동하는 브레이크.

❂ 덤프―카 dump car

「명사」

=덤프트럭.

❂ 치어―걸 cheer girl

「명사」

운동 경기장에서, 응원을 맡아 하는 여자 단원.

❂ 베드-타운 ▼bed town

「명사」

큰 도시 주변의 주택 지역. 도심 지역으로 일하러 나갔던 사람들이 밤이 되면 잠자기 위하여 돌아온다는 데서 붙여진 말이다.

❂ 백-미러 ▼back mirror

「명사」

뒤쪽을 보기 위하여 자동차나 자전거 따위에 붙인 거울. '뒷거울'로 순화. ≒후사경^2.

대개는 이렇게 풀이해놓고 있는데, 기왕이면 일본제 영어라는 것을 밝히는 게 우리말을 살려 쓰고자 하는 사람들에게 도움이 될 것이다.

제4장 『표준국어대사전』의 무원칙을 고발한다 2

국어사전에 실리지 않은 일본 말

일본 말 가운데 어떤 말은 사전에 있고
어떤 말은 사전에 없는 것은 무슨 까닭일까?
사전을 만든 사람들은 무슨 생각으로
낱말을 빼고 싣는 것인지를 묻고자 한다.
국어사전에 실린 일본 말과
국어사전에 실리지 않은 일본 말로 나누었다.

해병대 '곤조가'

흘러가는 물결 그늘 아래 편지를 띄우고

흘러가는 물결 그늘 아래 춤을 춥니다

처녀 열아홉 살 아름다운 꿈 속에 아이러브유

라이라이라이라이 차차차~

라이라이라이라이 차차차~

당신만이 그리워서 키스를 하고요

당신만이 그리워서 편지를 씁니다

오늘은 어디 가서 땡깡을 놓고

내일은 어디 가서 신세를 지나

우리는 해병대 ROKMC

헤이빠바리빠 헤이빠바리빠

때리고 부수고 마시고 싸워라

헤이빠바리빠 헤이빠바리빠

……

해병대 '곤조가' 란 노래가 있다. 가사가 희한하다. '라이라이', '헤이빠바리빠' 등 낯선 말이 많다. 해병대라는 특수 집단의 노랫말 속에 들어 있는 말의 의미를 일일이 거론할 일은 아니지만 곤조, 땡깡 같은 말이 일본

'곤조가' 라는 노래가 있는 해병대. 곤조, 땡깡 같은 말이 이 노래에 들어 있다.

말이라는 걸 알고나 있는지 궁금하다.

일본 말 곤조는 한자로 근성根性이라고 쓴다. 일본 국어대사전 『다이지센』에서는 이렇게 풀이한다.

こんじょう【根性】
その人の本來的に持っている性質.

번역하면 "한 사람이 태어나면서부터 지니고 있는 성질"이라고 되어 있지만 천성天性과는 조금 다른 '성깔' 또는 '고집' 같은 뜻을 내포한 말이 '곤조' 다. 그런데 『표준국어대사전』에는 곤조가 없고 근성으로 나와 있다.

✿ 근성02根性

「명사」

1. 태어날 때부터 지니고 있는 근본적인 성질.
2. 뿌리가 깊게 박힌 성질.

근성을 '태어날 때부터 지니고 있는 근본적인 성질'이라고 풀어놓은 것이 영락없이 일본 사전을 베꼈다. 물론 순화하라는 말이나 일본 말이라는 표시가 없다. 그 까닭은 무엇일까? 그 답은 『조선왕조실록』에 있다.

『정조실록』 25권 12년(1788년)조에 다음과 같은 부분이 있다.

진실로 충의忠義를 천성으로 타고 나서 기개氣慨와 절개節介가 세상에서 뛰어난 사람이 아니라면 모두 전하께 얼마 되지 않는 녹을 받아 자기 처자를 부양하려 들지 누가 경솔히 무익한 미친 말을 하여 시론에 버림받는 짓을 하려 하겠습니까?
苟非忠義根性, 氣節超俗, 皆欲得殿下尺寸之祿 爲自己妻兒之計, 夫孰肯輕發無益之狂言, 甘爲時論之所棄也?

원문에 '근성'이 나오는데 국역에서는 '천성'으로 번역되어 있다. 『조선왕조실록』에 실린 '근성'은 일본 말 '근성=곤조'와는 다른 느낌으로 쓰이고 있는 것이다. 우리 겨레는 근성을 천성으로 여겼을 뿐 '성깔 있는'이라는 뜻으로는 쓰지 않았다. 따라서 오늘날 '그 사람 곤조(근성)가 있다'의 곤조는 일본 말의 영향으로 보아야 한다. 천성과 근성을 구분해서 써야 하고 특히 일본 말 곤조는 우리말 '심지', '본성', '성깔', '고집'쯤으로 순화해 쓰는 게 좋다.

'도쿠리' 셔츠에서 목폴라 시대로

내 어릴 적 겨울은 도쿠리 셔츠를 빼놓을 수 없습니다. 그땐 도쿠리 세타(스웨터)라고 많이 했지요. 지금처럼 교복 위에 멋진 코트를 입을 수 없던 시절 내복 위에 까실까실한 털로 짠 도쿠리세타를 입고 그 위에 교복을 입는 게 전부였지요. 따뜻하기는 했지만 겨울 칼바람을 막기는 역부족이었고 무엇보다 까칠한 실로 뜬 탓에 목이 언제나 가려웠던 기억이 새롭습니다.

● 인터넷 포털 네이버

도쿠리 셔츠보다는 도쿠리 세타 또는 그냥 '도쿠리'로 쓴 기억이 난다.

까칠까칠한 싸구려 털실의 도쿠리 세타를 입은 기억이 나니 나도 이제 구시대 인물인가 보다. 목도리도 흔치 않던 시절에 도쿠리 세타는 최고 방한 제품이었다. 춥고 가난했던 시절엔 바람도 왜 그리 차고 매서웠는지 지금 겨울바람은 바람도 아니다. 춥다 해도 제대로 된 털목도리 하나 없던 시절에 비하랴.

목도리를 멋으로 쓰는 지금 아이들 옷장에는 색색깔의 목도리가 한 번쯤 골라 목에 걸어주기를 학수고대하고 있다. 격세지감도 이런 격세지감이 없다. 그때 도쿠리라 부르던 옷을 요즘엔 뭐라고 부를까 싶어 인터넷에서 옷 파는 곳을 뒤져보니 '목티' 또는 '목폴라' 가 압권이다. 목티는 목티셔츠의 준말일 테고, 목폴라는 목 + 폴라인 모양인데 젊은이들 사이에선 '폴라티' 라는 말도 유행하는 것 같다.

원래 한복 문화에서는 목을 감싸주는 옷이 없었다. 그 대신 목도리로 가슴팍으로 들어오는 바람을 피했던 것 같다. 그러니 목 끝까지 찰싹 몸에 닿는 옷인 도쿠리니 폴라티 같은 말이 없을 수밖에. 그럼 일본어에서는 도쿠리를 어떻게 풀이했는지 『다이지센』을 보자.

【徳利, とくり(とっくり)】:
酒などを入れる陶製・金屬製などの, 口の細い容器. 銚子.

【徳利襟, とっくりえり】:
シャツやセーターなどで, とっくりのように長く作った襟 ふつう, 折り返して

着る. タートルネック/.

번역하면 "도쿠리는 술 등을 담는 도자기나 금속제로 만든 입 주둥이가 좁은 그릇을 말하며 도쿠리에리는 셔츠나 스웨터가 도쿠리(술병)와 같이 목 부분이 좁고 긴 것을 말하며 접어 입기도 한다. 터틀네크를 말한다"고 되어 있다. 술을 담는 주둥이가 조붓한 게 사람 목 부위 같다고 해서 '도쿠리에리'라는 말이 나왔고 한국에서는 옷깃이나 목덜미를 뜻하는 '에리'가 잘려나간 상태로 쓰다가 서양에서 스웨터가 들어오자 이번에는 도쿠리 스웨터라 불렀다. 그러다가 다시 폴라티가 들어오자 이것에 이름을 넘겨준 꼴이다. 일본 말 도쿠리를 쓰지 않으니 다행이라고 봐야 할까. 폴라티란 이름 역시 순수하고 정감 가는 우리말로 바꿔 쓰는 게 좋다. 웰빙을 참살이로 바꾸는 마당에 '도쿠리', '폴라티' 같은 말보다는 '목'을 집어넣은 토박이말을 만들어봤으면 좋겠다. 모두의 지혜로 말이다.

목이 조붓한 술병 '도쿠리'에서 도쿠리 세타라는 말이 나왔다.

블라우스만은 '단품'으로 팔고있지 않습니다

경기 일산에 사는 주부 이인순(41) 씨는 지난 3일 집 근처 할인마트 교복 매장을 찾았다가 맘만 상한 채 발길을 돌렸다. 이 씨는 중학교 2학년에 올라가는 딸에게 입힐 교복 블라우스를 사러 갔다. 딸이 1년 사이 부쩍 커 버리는 바람에 교복 상의와 치마는 괜찮았지만 블라우스만 몸에 맞지 않았던 것. 그러나 매장 직원은 "블라우스만 단품으로 팔지 않는다. 상·하의, 조끼 등과 함께 한 벌 세트로 사야 한다"면서 "단품만 살 거면 이달 말 이후에나 찾아오라"고 말했다.

●『서울신문』 2010년 2월 5일

바야흐로 입학철이 되면 교복을 일 년 단위로 사주어야 하는 부담이 만만치 않다. 자녀가 부쩍부쩍 자라주는 것은 좋은 일이지만 막상 좋아할 수만은 없는 게 서민들의 삶이다. 내가 어렸을 적엔 블라우스든 웃옷이든 치마든 중학교 1학년 때 한번 사면 3학년 때까지 입는 것은 기본이었다. 그러기에 중학교 1학년생이 입은 교복은 모두 헐렁했다. 지금 아이들 같으면 당장 입지 않겠다고 하겠지만 그때 우리들은 순수했다. 물려받지 않고 사주시는 것만으로도 행복한 일이었기 때문에 교복을 맞추는 날이 기다려졌다. 교복집에서 곁에서 어머니가 하던 말을 잊을 수 없다.

"좀 넉넉하게 해주이소. 후딱 자라버리면 안 되니까."

그러면 교복집 주인은 어머니의 비위를 맞추려고 차려 자세인 나의 손목을 지나 손등이 거의 다 덮이도록 줄자를 늘어뜨렸던 기억이 난다. 그러니까 말만 맞춤교복이었던 셈이다.

지금 생각하면 대량으로 대·중·소쯤 만들어 놓고 적당한 크기를 준 게 아니었을까 싶다. 그렇지 않고는 손등을 다 덮던 줄자 길이와 다른 옷을 줄 리가 없다. 아무튼 중1이든 고1이든 1학년 애들은 한눈에 보아도 옷이 사람을 입은 느낌의 아이들이 많았다. 옷차림이 세련된 지금 아이들이 들으면 기겁할 일이다.

예문에 나온 엄마도 블라우스만 사러 간 것을 보니 겉옷은 대충 여유 있게 샀나 보다. 그렇다. 겉옷보다 블라우스 종류는 3년 입기가 어려운 경우가 있다. 아이가 자라서 그렇기도 하지만 옷에 물감 묻은 자국이 지지 않는다든지 해서 교복을 새로 사야 할 때는 구태여 겉옷을 살 이유가 없다. 필요한 옷만 사면 되는 것이다. 그런데 이때 세트로 사지 않고 하나씩 사는 것을 가리켜 '단품 구매'라는 말을 많이 쓴다. 그러나 이 말은 국어사전에 없다. 어른들은 대충 말뜻을 알겠지만 단품이란 말을 알고 싶은 학생들은 이 말뜻을 어디서 알아내란 말인지 알 수 없다.

일본국어사전 『다이지린大辭林』에서는 이렇게 풀이한다.

たんぴん【單品】:

1. 品物・商品で、一つの種類、または1個のもの。

2. セットになっている品物のうちの一つ。「この茶碗は―ではお取り扱いしません」

번역하면, "단삥 : 1. 물건, 상품의 한 종류, 또는 1개를 가리킴. 2. 세트로 된 것의 하나. 예) 이 그릇은 낱개로는 취급하지 않습니다"라고 나와 있다.

"블라우스만은 단품으로 팔지 않는다"라는 문장에서 '단품'을 '낱개'로 바꿀 수는 없다. 밥그릇은 낱개가 되지만 옷은 경우가 다르다. 뭐라 부르는 게 좋을까? 단벌 신사 할 때 쓰이는 단벌은 어떨까. 그런데 말도 말이지만 모든 상품을 손님이 원하는 대로 판다면 이런 말은 따로 없어도 되지 않겠는가. 블라우스만 필요한데 왜 교복 상하의까지 모두 사야만 한

단 말인가? 장사도 이 정도면 바가지 차원을 넘어 강매이므로 범죄나 다름없지 않느냔 말이다.

말을 만들기보다는 하루 빨리 원하는 부위만, 원하는 것만 살 수 있는 진정한 의미에서의 '소비자 왕' 시대여야 할 것이다. 교복과 관련된 기사를 보니 아직까지 한국은 '기업이 왕' 인 시대를 살고 있는 느낌이다.

교복에서 블라우스만 단품으로 팔지 않는 경우가 많다.

어디 가서
'싯뿌'나 했으면 좋겠다

비도 내리고 날도 찌뿌듯한데 어디 가서 싯뿌나 했으면 좋겠다. 니 할매는 워디 계시냐? 집에 계시냐? 어린 시절 내가 인영이네 집에 놀러 갈 때마다 인영이 할머니는 "싯뿌하고 싶다"는 말을 노래처럼 해대셨다. 내 나이 쉰 하고도 여덟. 비도 안 오고 날도 찌뿌듯하지 않는데도 나는 동네에 새로 생긴 찜질방으로 싯뿌하러 가는 게 요새 낙이다.

● 인터넷 포털 다음

싯뿌가 찜질로 쓰인 예문이다. 온돌방에서 자란 탓인지 조금만 몸이 피곤해도 찜질방 생각이 난다. 가서 땀을 한번 좌악 빼고 나면 온몸에 쌓인 피로가 풀리는 느낌이다. 그러나 침대에서 자란 딸아이는 찜질방을 나처럼 좋아하지 않는다. 함께 한증막 속에 들어가지만 채 열기가 온몸을 돌기도 전에 풀 방구리 드나들듯 튀어나가는 것을 보면 한국인이라고 모두 찜질을 좋아하는 유전자를 타고난 것은 아닌 것 같다. 요컨대 뜨끈뜨끈한 온돌방의 추억을 혈관 속의 피돌기가 기억하고 있는 사람만 찜질방을 즐길 수 있다.

예문의 인영이 할머니 세대는 싯뿌라는 말을 많이 썼다. 요즈음도 완전히 사라진 것은 아니다. 싯뿌란 무슨 말인가? 일본 국어대사전 『다이지린』에 보면 다음과 같이 나와 있다.

しっぷ【濕布】:

[名]

スル 水・湯・藥液などに浸した布を当て, 患部を溫めたり冷やしたりする治療法. また, その当てる物.

번역하면 "싯푸: 물, 탕, 약액 등에 적신 헝겊을 환부에 대어 뜨겁게 하거나 차게 하는 치료법 또는 환부에 대는 헝겊" 을 말한다. 요즈음에는 전기를 이용한 찜질 제품이 다양하게 나와 있다. 모양도 둥그스름한 럭비공 같은 것, 방석 크기만 한 것, 긴 것, 정사각형 등 각양각색이다. 전기 코드만 꽂으면 간단히 싯뿌를 할 수 있는 세상이지만 예문에 나온 인영이 할

찜질을 좋아하는 한국인. 예전에는 싯뿌라는 말로 쓰는 경우가 많았다.

머니 세대는 이러한 제품은 꿈도 못 꾸고 고무주머니에 따뜻한 물을 담아 쓰거나 고작 헝겊 따위를 뜨거운 물에 담근 뒤 꼭 짜서 아픈 곳에 대는 수준이었다. 그런 것을 싯뿌라고 한다. 우리말로는 찜질이 적당하다. 일본말 싯뿌는 아픈 부위에 차거나 뜨겁게 한 수건 등을 대는 것이지만 한국에서는 펄펄 끓는 아랫목에서 허리를 지지는 것까지를 포함한 좀 더 넓은 의미로 쓰인다.

일본 사람들은 온돌 문화가 아니라 다다미라고 하는 짚풀 문화다. 다다미란 심하게 말하면 거적이요, 좋게 말하면 화문석 같은 것으로, 이런 구조는 집안을 언제나 썰렁하게 만든다. 한겨울 밖에 있다가 집 안으로 들어가 따끈따끈한 온돌방에 깔아둔 요 속에 발을 집어넣었을 때 온몸으로 전해오던 그 따스함은 경험하지 못한 사람이라면 이해하기 어렵다. 그런 곳에 허리를 지지면 그 시원함이 이루 말로 다할 수 없다. 오랜 세월 그런 찜질 문화 속에 살아온 우리가 찜질의 느낌도 모르는 사람들이 쓰는 싯뿌를 들여다가 '찜질' 처럼 쓰는 것은 부끄러운 일이다.

엄연한 찜질 문화가 있고 이것에 대해서라면 세계 특허를 내도 손색이 없는 '찜질의 종주국'이 우리 겨레다. 우리나라 찜질방이 미국 로스앤젤레스에서도 인기고 일본에도 하나둘 생겨나 인기를 모은다는 뉴스를 들은 적이 있다. 그래도 요새는 싯뿌라는 말이 많이 사라졌지만 완전히 사라진 것은 아니다. 찜질로 고쳐 써야 할 것이다.

할머니, '유도리'는
순수 우리말인가요

저희 할머니가 자주 쓰는 말 중에요. 유도리라는 말이 있어요. 저보고 유도리 있게 하라고 늘 말씀하시는데 유도리가 대관절 무슨 뜻이지요? 순 우리말인가요?

● 인터넷 포털 다음

할머니께서 아무 생각 없이 쓰는 '유도리'란 말에 대해 손녀가 궁금한 모양이다. 그도 그럴 것이 국어사전에도 나오지 않는 말을 할머니가 늘 쓰신다면 궁금할 만도 하다. '유도리'가 궁금한 어린 손녀는 어디에 가서 이 말의 뜻을 물어야 할까? 그래서 인터넷에 올린 모양이다. 흔히 '유도리가 있다, 없다' 라는 식으로 쓰는 이 말의 정체는 무엇일까?

『다음 일본어사전』에 보면 다음과 같이 나와 있다.

● ゆとり(유도리) : 여유.
  예문) 生活せいかつにゆとりを持もつ 생활에 여유를 갖다
  　　　心こころのゆとり 마음의 여유
  　　　考かんがえるゆとりがない 생각할 여유가 없다
  　　　ゆとりのある態度たいど 여유 있는 태도
  동의어) 余裕よゆう

일본 말 '유도리'는 하도 많이 쓰다 보니 마치 토박이말처럼 여기는 사람들이 많은 것 같다. 그런데 이 말이 일본 말이라는 것을 가르쳐주는 곳은 어디에도 없다. 그러다 보니 다음과 같은 질문도 인터넷에는 올라오는 지경이다.

"흔히 융통성이란 말로 쓰이는 유도리 혹은 유돌이라는 말이 있는데 유돌이가 맞나요? 유도리가 맞나요? 어원과 정확한 표기법 좀 부탁드립니다."

참으로 슬픈 질문이다. 국민들은 궁금하기 짝이 없는데 시원하게 물어볼 곳이 없다. 누가 '유도리'를 답해줄 것인가!

일제강점기에 나온 잡지 『삼천리』 제10권 제12호(1938년 12월)에 보면 홍종인 씨가 쓴 「이 땅을 스쳐간 예술가」란 글에 이런 부분이 있다.

베르트라메리 요시코能子의 음성은 무척 유도리가 있었읍니다. 깜안 양장 맵시를 길게 채린 氏의 모양은 무대 우에 찬란했다기보다 퍽 엄숙했든 것이 기억되고 미야가와宮川의 음성이 有望하든 것과 伊藤孃 등의 노래가 좋았든 것이 생각납니다.

'음성이 무척 유도리가 있었다' 라고 해서 일본 말을 그냥 그대로 쓰고 있다. 이처럼 일제강점기에 글깨나 쓰는 사람들은 일본 말을 이렇게 아무런 생각 없이 들여다 썼다. 지금 일본 말 찌꺼기가 남아 있는 데에는 모두 이런 사람들의 공이 지대함은 말할 것도 없다. 이제라도 '유도리' 는 '융통성', '여유 있는' 같은 말로 고쳐 써야 하지 않을까?

천형天刑처럼 쓰는
건축 공사장의 '암석 소할'

국립국어원 온라인 가나다에 이런 글이 올라왔다.

 "암석소할"의 정확한 의미 및 대체 용어 관련

박상준(2010. 11. 1)

안녕하십니까? 건설업에 종사하고 있는 직장인입니다.
현장 설계내역서에 암석 소할이란 단어가 있습니다.

현장에서 의미로는 '암석 소할 -> Breaker 장비로 큰 암석을 잘게 부수는
작업'입니다. 여기서 궁금한 것이 소할이란 단어의 어원입니다. 국어사

전을 찾아봐도 나오지가 않습니다. 아마도 小割 "작을 소", "벨 할"을 합쳐서 쓰는 용어인 듯합니다. 이 말이 우리말이 맞는 건가요? 아니면 일본 말의 잔재인가요? 우리말이 맞는다면 국어사전에 등록하면 좋을 것 같습니다. 혹은 일본 말의 잔재이면 고운 우리말로 고치는 것도 좋을 것 같습니다.

이에 대해 국립국어원은 무슨 답변을 했을까.

답

안녕하십니까?
온라인 가나다에서는 "표준국어대사전"을 토대로 단어의 뜻을 안내해 드리고 있습니다. 문의하신 '암석 소할'은 "표준국어대사전"에 등재되어 있지 않은 단어이기에 그 정확한 뜻을 안내해 드리기 어렵습니다. 또한 이 단어가 어디에서 기원한 단어인지에 대해서도 관련 자료가 없어 답변해 드리기 어렵습니다. 알려 주신 '암석 소할'이라는 단어를 검토할 수 있도록 담당 부서에 전달하겠습니다. 많은 도움을 드리지 못해 죄송합니다.

건설업에 종사하는 질문자는 국어가 궁금한데 국립국어원에서는 '소할'의 뜻을 모른다고 한다. 이 분이 궁금해한 '암석 소할'에 대해 살펴보자. 암석이란 쉬운 우리말로 풀면 바윗돌이다. 『표준국어대사전』에서 암석을 어떻게 풀이했는지 살펴보자.

❋ **암석02**巖石 〔암석만[-성-]〕

「명사」『지리』

지각을 구성하고 있는 단단한 물질. 화성암, 퇴적암, 변성암으로 크게 나눈다.

실제 우리가 느끼는 암석보다 설명이 어렵다. 그냥 바윗돌 하면 쉬울 텐데 말이다. 암석을 왜 어렵게 표현했나 했더니 일본 사전을 베껴서 그렇다. 일본 국어대사전 『다이지센』에서 암석을 어떻게 풀이했는지 보자.

❋ **がんせき**【岩石・巖石】:

大きな石のかたまり. 地核をおおっている地殻を構成する物質. 一種または數種の鑛物が集合したもの. 火成岩, 堆積岩, 火成岩に大別される.

번역하면 "간세키 : 커다란 돌덩어리, 지핵을 덮고 있는 지각을 구성하는 물질. 일종 또는 수종의 광물이 집합한 것, 화성암, 퇴적암, 변성암으로 크게 나눈다"이다. 국어사전에 실린 암석의 풀이에서 '화성암, 퇴적암,

변성암'으로 나눈다는 부분은 일본 사전을 베낀 짝퉁이다.

그럼 이번에는 '소할小割'을 찾아보자. 일본 국어대사전 『다이지센』에는 이렇게 나와 있다.

❀ こわり【小割(リ)】

1. 材木を小さく割ること. また, その割ったもの.

2. 木材の規格の一. 木口2.5センチ前後, 長さ1.8メートルほどの角材.

3. まき割り用の用鉈 なた.

번역하면 "고와리: 1. 재목을 잘게 부수는 것 또는 부순 그것. 2. 목재

암석 소할은 바윗돌을 잘게 부수는 작업을 가리키는 간세키고와리라는 일본 건축 용어를 그대로 쓰는 것이다.

규격의 하나. 나무지름 2.5센티미터 전후 길이 1.8미터 정도의 각재角材. 3. 장작 패는 데 쓰는 손도끼"이다.

정리하면 일본 건축 용어에서 바윗돌을 잘게 부수는 작업을 가리켜 '간세키고와리'라고 한 것을 그대로 들여다가 '암석 소할'이라고 부르고 있는 것이다. 암석은 큰 돌이나 바윗돌을 뜻하고 소할은 부수기 또는 잘게 하기라는 뜻이므로 '큰 돌 부수기'로 바꾸면 된다. 공사판에서는 뜻도 모르는 말을 대대로 천형天刑처럼 쓰고 있고 그 뜻을 묻는 사람에게 국립국어원에서는 "사전에 올라와 있지 않아 모릅니다"라고 하고 있는 게 국어가 처한 현실이다.

세숫대야에 김치를 버무려 먹는 한국인

> 고무 다라이를 사려고 합니다. 판매하는 곳 좀 알려주세요. 사이즈는 많이 컸으면 좋겠어요. 어머니를 목욕시킬 수 있는 큰 것이면 좋겠어요.
> • 인터넷 포털 다음

바야흐로 인터넷이 없으면 살기 어려운 시대다. 별의별 것이 다 인터넷에 올라와 있다. 사람을 목욕시킬 정도로 큰 고무 다라이를 구하기는 쉽지 않을 것 같다. 이 글을 올린 사람은 어쩌면 욕조 없는 집에 살거나 어머니가 거동하시는 게 몹시 좋지 않은 모양이다. 어른이 통째로 들어가는 커다란 '고무 다라이'는 '고무'와 '다라이'의 합성어다. 이런 고무 다라이는 집집마다 한두 개씩은 가지고 있을 법하다.

어렸을 때 시골집 마당가 한쪽의 펌프 물받이용으로는 거의 고무 다라이가 쓰였다. 붉은빛을 띠던 고무 다라이는 얼지도 않고 좀처럼 깨지지도 않는 덕분에 인기를 얻고 있다가 마당 있던 집이 허물어지고 아파트가 지어지기 시작하면서 하나둘 자취를 감추기 시작했다. 부엌 씽크대 꼭지에서 수돗물이 줄줄 나오고 화장실엔 커다란 욕조와 세면대가 붙박이로 설치되어 있어 고무 다라이는 그 옛날의 명성을 찾기 어렵다. 명성은커녕 꼭 필요한 경우에도 어디서 파는지를 모를 만큼 세상이 바뀌었다.

『표준국어대사전』에서는 고무 다라이는 나오지 않고 '다라이'는 풀이한다.

❈ **다라이**(〈일〉tarai[繡])

「명사」

금속이나 경질 비닐 따위로 만든, 아가리가 넓게 벌어진 둥글넓적한 그릇. '대야01', '큰 대야', '함지01', '함지박'으로 순화.

그 흔한 고무 다라이는 나오지 않는 데다 금속이나 경질 비닐로 만든 그릇이라는 표현이 현실성이 떨어진다. 비닐 다라이라는 말을 들어보았는가? 여자들이 알면 웃을 일이다. 아마도 사전 편찬에 고무 다라이를 아는 여성이 관여하지 않은 모양이다.

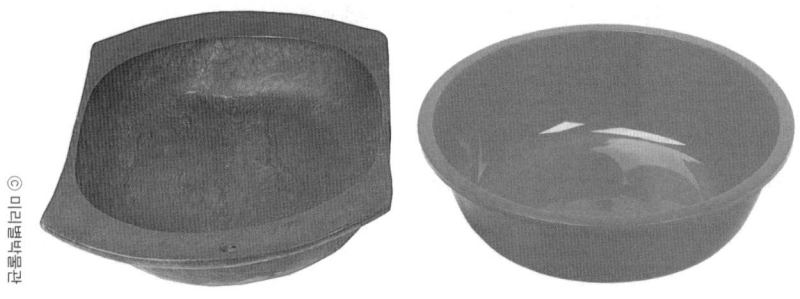

우리 겨레는 예전부터 커다란 나무 함지를 써왔다. 지금은 함지 대신 다라이가 흔하다.

　그렇다면 일본에서 다라이의 역사는 얼마나 될까? 먼저 그 말의 유래가 재미나다. 일본 국어대사전 『다이지센』에는 '다라이' 란 말을 손을 씻다를 뜻하는 '데아라이 手洗い'의 와전으로 보고 있다. 다시 말해 데아라이가 다라이가 된 것이며, 원뜻은 손을 씻다라는 말이다. 이렇게 손 씻는 그릇은 제2차 세계대전 후에는 알루미늄이나 플라스틱으로 만들었다. 그러나 '손씻기 그릇' 인 다라이가 있기 전에 오케 桶라는 나무통이 있었다.
　나무로 만들어진 '오케' 는 다라이보다 약간 깊숙한 함지박 같은 것으로 예전엔 일본 여성들의 혼수품이었다. 출산 후에 아기를 목욕시키거나 마실 물을 부엌에 저장하거나 설거지통, 빨래하는 그릇, 세숫대야 등 그 용도는 무궁무진했다. 그러나 집 안에 수돗물이 등장하자 물을 받아쓰던 오케는 점점 사라지고 손 씻는 그릇인 다라이로 대신하게 되었다. 그에 반해 한국에서는 세숫대야와 다라이를 구분해서 쓰는 느낌이다. 고무 다라이라면 일본 말로는 고무로 된 세숫대야지만 한국에서는 거동이 어려운 늙으신 어머니를 목욕시킬 큰 그릇으로 여기고 있는 것이 이채롭다.

이러한 고무 다라이가 김장 때 요긴하게 쓰이고 있지만 이것이 들어오기 전에 우리는 큼지막한 그릇인 함지박을 썼다. 함지는 큰 통나무를 쪼개어 안을 파내서 만든 큰 그릇인데, 전함지, 민함지, 주름함지 등이 있다. 전함지는 함지 둘레에 5~6센티미터 정도 되는 전을 붙여 손으로 들어올리기 쉽게 하거나 좌우에만 10센티미터 정도 되는 전을 붙인 것이며, 이런 중간 크기보다 큰 함지는 전을 붙이지 않은 민함지가 흔했고, 안쪽이 주름지게 만든 주름함지도 있었다.

재료로는 나무나 종이를 덧댄 것도 있었으며 옹기 재료로 만들거나 질그릇식으로 만든 것도 쓰였는데 스텐이나 고무 다라이가 들어오면서 우리 주변에서 사라졌다. 오늘날 깨지지 않고 질기고 간편한 고무 다라이를 능가하는 큰 그릇은 없지만 다라이란 말의 유래는 곱씹어 볼 일이다.

'다구리' 당하다

요즘 김해를 비롯한 보궐선거 과정에서 유시민과 참여당에 대한 집단 **다구리**가 장난 아니네요. 민주당과 참여당의 김해 야권단일화 협상을 보면 상식적으로 말도 안 되는 협상입니다. 완전히 민주당의 막가파식 요구, 거대 힘 있는 정당의 횡포 그 자체에요.

●인터넷 포털 다음

다구리의 예문을 찾으니 정치판과 관련된 말이 쏟아져 나온다. 『표준국어대사전』에서는 다구리를 어떻게 풀어놓았는지 한번 보자.

❀ 다구리

　1. (부랑배의 은어로) 누군가에게 들키는 것을 이르는 말.

　2. (부랑배의 은어로) '몰매'를 이르는 말.

　3. (부랑배의 은어로) '패싸움'을 이르는 말.

풀이만 보면 우리말 속어로구나 생각하기 쉽지만 사실 이 말은 일본말이다. 말밑(어원)을 밝히지 않고 있는 것을 보니 국립국어원 사람들도 말밑을 모르는 모양이다. 그와 달리 흔히 쓰는 노가다는 국어사전에 올라 있다.

❀ 노가다〈일〉dokata[土方]

　1. 행동과 성질이 거칠고 불량한 사람을 속되게 이르는 말.

　2. 막일.

　3. 막일꾼.

이렇게 노가다는 일본어임을 밝혀놓은 데 견주어 다구리는 한국말이라도 되는 양 슬쩍 비켜가고 있다. 일본 국어대사전 『다이지센』에서는 어떻게 풀어놓는지 살펴보자.

❋ なぐる【殴る/擲る/撲る】:

　1. こぶしや棒などで相手を亂暴に強く打つ.

　2. 亂暴に物事をする.

　번역하면 "나구루naguru: 1. 주먹으로 상대를 난폭하게 치는 것. 2. 난폭하게 구는 것"이란 뜻이다. 재미나게도 한국인들이 말하는 '다구리'란 말은 일본 말 '나구루(패다, 때리다)'에서 명사화한 나구리를 변형시켜 쓰는 것이며, 패기 또는 때리기를 뜻한다. 도가타どかた를 '노가다'로 쓰는 것과 같다.

　여기서 말하고 싶은 것은 일본 말의 정확한 발음이 아니다. 몰매라든지 패싸움 따위의 우리말이 있음에도 엉터리 일본 말로 국어를 더럽히고 있는 점이다. 또 한 가지 지적하고 싶은 것은 국어사전에서 이 말을 '부랑배들의 은어'라고만 풀이하고 '일본 말 나구리에서 온 말'이라고 밝히지 않는 점이다.

'자부동'이
경상도 사투리라고?

방학숙제로 할건데요. 오뎅, 모찌, 사시미 같은 일본 말을 선생님이 조사하라고 했어요. 급해요. 지금이 8월 27일이고 저 개학이 8월 29일이에요. 방학숙제를 아직 안 해서… 급하니까 빨리 부탁합니다. 날짜가 지났더라도 겨울방학 때 써먹으면 되니까 부탁해요. 되도록 8월 28일 저녁까지 부탁드립니다. 그런데 자부동은 일본 말이 아니고 경상도 사투리인가요? 이것도 알려주세요.

● 인터넷 포털 다음

어린 학생이 개학을 코앞에 두고 방학숙제 때문에 고민하다가 인터넷에 올린 글인 모양인데 어린 시절 누구나 한 번쯤 겪었음직한 일이다. 이 학생이 던진 "자부동은 경상도 사투리인가요"라는 질문을 곱씹으며 쓴웃음을 짓는다. 이 학생의 궁금증을 풀어주기 위해서는 『표준국어대사전』이 나서줘야 하는데 유감스럽게도 자부동은 나오지 않는다. '무데뽀'나 '지라시(찌라시)'는 나오는데 '자부동'은 없다. 할 수 없이 민간 사전인 『다음 오픈국어사전』을 찾아보니 "자부동: 방석을 가리키는 경상도 사투리"로 나와 있다. 어째서 이런 엉터리 정보가 나돌아 다니는 것일까?

자부동을 일본어국어대사전 『다이지센』에서 찾아보자.

● ざぶとん,【座布團／座蒲團】:
　座るときに敷く布團

번역하면 "자부동: 앉을 때 까는 방석"이라는 뜻이다. 일본의 자부동 역사는 가마쿠라 시대鎌倉時代, 1192~1333부터 거슬러 올라간다. 그러나 에도 시대江戶時代, 1603~1868쯤에 와야 서민들이 이용하게 된다. 지푸라기로 만든 자부동이 아니고 그 재료가 헝겊이라면 당연히 이러한 자부동을 사용할 수 있는 사람은 상당한 권력자나 고승들일 수밖에 없다.

'방석'이라 하면 우리나라도 한몫을 했다. 『조선왕조실록』에는 조선 방석의 우수성이 엿보이는 기사가 무려 원문 기준으로 124건이나 등장한다. 주로 여러 가지 꽃무늬로 짜 만든 만화방석滿花方席이 인기였다. 『태종

일본의 자부동.

『실록』 2년(1402년)에는 다음과 같은 기록이 있다.

일본국日本國 대상大相에게 토산물을 내려주었다. 그가 보내온 사람에게 주어 보냈으니, 은준銀樽 1개, 도금은규화배鍍金銀葵花杯 1개, 은탕관銀湯罐 1개, 흑사피화黑斜皮靴 1개, 죽모자竹帽子 10개, 저포紵布・마포麻布 각각 15필, 인삼人蔘 50근, 호피虎皮・표피豹皮 각각 3장, 잡채화석雜彩花席 12장, 만화방석滿花方席・만화침석滿花寢席 각각 5장이었다.

戊午/賜日本國大相國土物, 授所遣人以送之. 銀樽一, 鍍金銀葵花杯一, 銀湯罐一, 黑斜皮靴一, 竹帽子一十, 紵麻布各十五匹, 人蔘五十斤, 虎豹皮各三張, 雜彩花席十二張, 滿花方席, 滿花寢席各五張.

이뿐만 아니라 명나라에서도 메이드 인 조선의 만화방석은 인기 품목이었다. '방석'의 재료는 왕골 같은 자연에서 바로 얻은 것부터 비단에 이르기까지 다양하다. 다양한 재료를 이용해 깔고 앉는 것이 이른바 한국의 방석이다. 그런데 뜬금없이 자부동이 경상도 사투리라니 코미디도 이런 코미디가 없다.『표준국어대사전』이 이를 짚어주지 않기 때문에 생긴 일이라고 본다.

제5장 그밖에 고쳐 써야 할 일본 말 찌꺼기

동네 약국의 무거운 짐
'덕용' 포장

덕용 포장, 동네 약국의 '무거운 짐'
안재숙 약사 본지에 '눈물의 호소'

좀처럼 개선되고 있지 않은 향정약·전문의약품 등 '500정 1,000정 덕용 포장' 이 동네 약국에겐 치명적인 부담으로 작용하고 있어 이에 대한 범 약업계의 깊은 성찰이 필요한 것으로 보인다. 경기도 안양에서 15년째 안세약국을 경영하고 있는 안재숙 약사는 최근 '제약회사 사장님들께 올리는 글' 을 작성했으나 어느 곳에 발송해야 좋을지 모를 만큼 많은 제약회사들이 덕용 포장을 고집하고 있어 틈틈이 막막한 현실을 고스란히 담은 편지만 애꿎게 읽어보곤 한다고 말했다.

• 『약사공론』

약사들도 우리가 모르는 말 못하는 고민이 있나 보다. 원치 않는 많은 양을 '덕용' 포장으로 구입해야 하는 일이 관행으로 되어 있다며 이에 대한 약사들의 고뇌가 엿보이는 기사다. 덕용 포장이란 말이 있다. 어렸을 땐 이 말이 무슨 말인 줄 몰랐다.

고등학교 무렵으로 기억하는데 그땐 두루마리 화장지를 하나씩 낱개로 팔았을 만큼 두루마리 화장지가 비쌌고 귀했다. 지금처럼 티슈, 냅킨, 화장지 같은 것이 다양하지 못해 두루마리 화장지 하나가 티슈와 냅킨 기능을 하던 시절 이야기다. 지금 화장실용 두루마리보다 질이 떨어지는 것이었지만 어머니는 화장지 뜯어가는 것을 일일이 참견하셨다. 못 쓰는 공책장으로 볼일을 보던 시대에 등장한 두루마리 화장지는 한마디로 '꿈의 종이'여서 흔하게 화장실용으로 쓰지 못했다. 어쩌다 한 뼘이라도 더 뜯어 갈라 치면 '아끼라'고 야단치시던 기억이 삼삼하다. 그때 하나씩 낱개로 팔지 않고 열 개를 한 봉지에 담아 팔기도 했는데 어른들은 그것을 '덕용 화장지'라 불렀다. 그때는 그게 상표인 줄 알았다. 덕용 화장지를 쓰는 집은 부잣집에 속했다.

국립국어원 『표준국어대사전』의 덕용 풀이를 보자.

● 덕용德用:

「명사」

1. 덕이 있고 응용의 재주가 있음.

2. 쓰기 편하고 이로움.

이 풀이에는 일본 말이라는 말이 없다. 낱개보다 이롭다는 말인가? 무엇에 이롭다는 말인가? 물건의 포장 단위라는 말을 덧붙여도 좋을 텐데 설명이 매우 추상적이다. 굳이 이해하기 위해 해석하자면 두 번째 뜻이 그나마 어느 정도 맞는 뜻일 것 같다.

뜻도 모르는 덕용이라는 말이 쓰인 성냥.

그밖에 고쳐 써야 할 일본 말 찌꺼기

이번엔 일본 대국어사전 『다이지린』을 보자.

❋【德用／得用】

  1. 値段のわりに利益のあること。安くて得なこと。

  2. 德があり、應用の才を備えていること。

해석은 한국어 사전이 이 풀이를 베껴다 두었으므로 생략한다. 도쿠요라고 발음하는 '덕용'은 오도쿠ぉ得 또는 오도쿠요ぉ得用라고 많이 쓴다. 한국어 사전이 일본 말 '덕용'을 도입할 당시에는 한자로 '德用'만을 썼으나 요즈음 일본에서는 '德用'과 '得用' 두 가지를 쓰고 있으며 이 가운데 得用 쪽이 더 많이 쓰이는 느낌이다. 둘 다 일본어 발음은 '도쿠요'지만 세월이 더 흘러 일본이 德用이란 한자를 버리고 得用만을 쓴다면 한국도 그 한자를 따르게 될까?

화장지나 성냥은 물론이고 만두도 덕용 포장이 있으며 의약품 사회에서도 덕용 포장이 될 만큼 이 말은 우리 사회에 깊숙이 자리 잡고 있다. 맘에 드는 모양이다. 그러나 남의 말로 우리 국민들의 생활을 이롭게 할 것이 아니라 우리가 우리에게 이로운 포장 단위를 만들어내야 하지 않을까?

'구루병'에 걸려 곱사등 된다?

오페라 '라보엠'의 미미, '라 트라비아타'의 비올레타 등 비극의 여주인 공들은 꼭 폐병을 앓는다. 결핵 등 폐병은 그래서 '가난병'이라고 부른다. …… 야맹중·각기병·괴혈병·구루병 등도 여기에 속한다. 이 중 구루병은 비타민D가 부족해 뼈의 변형이 오는 질환이다. 우리가 못살던 시절엔 구루병에 걸려 '곱사등이'가 된 경우도 적지 않았다.

• 『중앙일보』 「분수대」 2011년 3월 12일

요즈음 부쩍 구루병 기사가 눈에 띈다. 구루병이란 무슨 병일까 궁금한 사람이 있을 것이다. 『표준국어대사전』에는 이렇게 나온다.

❀ **구루병** R.㞃病 : [―뼝]

「명사」『의학』

뼈의 발육이 좋지 못하여 척추가 구부러지거나, 뼈의 변형으로 안짱다리 등의 성장 장애가 나타나는 병. 비타민 D의 부족으로 생기며, 유아에게 많다. ≒곱삿병

여기서 주의할 것은 ≒ 표시인데 이 표시는 같지 않고 비슷하다는 뜻이다. 그러나 결론부터 말하자면 '구루병=곱삿병' 이다.

구루병이 바로 곱삿병이라고 보는 기사를 하나 소개한다. 기사 제목은 '佝僂는 姙娠不可(구루는 임신 불가)' 이며 『동아일보』 1926년 1월 31일치에 실렸는데 이 기사에는 다음과 같은 이야기가 소개되고 있다. "평양 남정에 사는 오 씨(19살)는 만삭이 되었으나 등곱새임으로 태반에 이상이 있어 해산치 못하고 고민하다가 평양 자혜의원에서 제왕절개수술을 받어 겨우 애를 끄집어냈는데 병원서는 다시는 아이를 못 가지게 난소를 잘라냈다더라." 이 기사를 쓴 기자는 구루(병)=등곱새(곱삿병)로 보고 있다. 85년 전만 해도 구루병이 곧 곱삿병이었던 것을 알 수 있다.

그렇다면 구루병이란 말은 어디서 나온 말일까? 일본 국어대사전 『다이지센』을 보자.

くるびょう【佝僂病】:

乳幼兒に發生する骨格異常で, 脊椎および四肢骨の灣曲・變形を主徵とする病氣. 主にビタミン D 不足による, 骨の石灰沈着障害が原因となる.

번역하면, "구루병(-병): 유아에게 발생하는 골격 이상으로 척추 및 팔다리 부분이 굽고 변형을 가져오는 병. 주로 비타민 D 부족에 의하며 뼈의 석회침착 장해가 원인이다"라고 되어 있다. 이러한 구루병을 정리하면 두 가지 증상이 있는데 ① 등이 굽은 곱삿병과 ② 사지四肢가 굽는 안짱다리 병이 그것이다. 한국어에는 이 둘을 구분하는 말이 있으나 일본 말에서는 이 둘을 싸잡아 구루병이라 한다.

이 말은 척추를 뜻하는 그리스 말 래키스rhakhis에서 유래했으며 1945년 이전에 일본에서는 구루佝僂라고 써놓고 세무시背虫라고 발음했다. 『이와나미 국어사전岩波 國語辭典』 제4판에서는 예전에 등背에 나쁜 벌레虫가 살아 곱추가 되는 것으로 생각하여 '세무시背虫'라 했고 이 말은 굽었다는 뜻의 '구루佝僂'라는 말과 함께 쓰이다가 지금은 '佝僂'의 일본 발음 구루くる로 정착된 것으로 설명하고 있다.

흥미롭게도 『조선왕조실록』에도 구루佝僂라는 말이 보인다. 『선조실록』 1598년 7월 7일자 기록에는 이런 표현이 있다.

전일 신이 좌·우상과 함께 가서 보았을 때, 제독은 신의 형용이 노쇠하고 허리가 굽은데다 말도 잘 통하지 않는 것을 보고는 전장에서 믿고 의

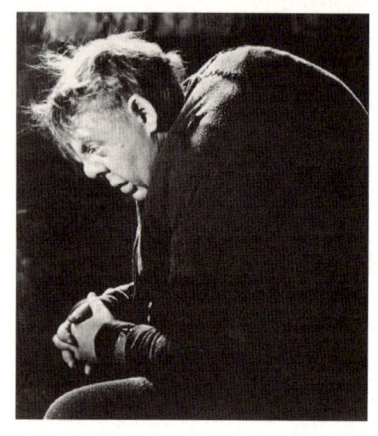

〈노틀담의 꼽추〉에서 콰지모도 역을 맡은 배우 찰스 노튼. 조선 시대만 해도 허리가 굽거나 늙고 보잘것없음을 가리키던 구루는 어떻게 곱샷병이 되었을까.

지하기가 어렵다고 여겼다.

頃日臣與左右相, 同往見之, 提督見臣形容衰敗, 癃病佝僂 提督見臣形容衰敗, 癃病佝僂, 語言不通.

이와 같이 조선 시대에는 구루(佝僂 또는 僵僂)가 허리가 굽거나 늙고 보잘것없는 자기 자신을 나타내는 데 쓰였다. 『표준국어대사전』은 현재와 같이 일본식 풀이로 끝내지 말고 그 유래를 밝혀야 할 것이다. 더불어 우리 국민들도 구루병이라는 어려운 말보다는 곱새, 곱사, 곱추, 꼽추, 안짱다리 같은 우리 토박이말을 써야 할 것이다. 이런 토박이말이 일본 말 구루병에 밀려난 채 쓰이고 있는데, 이러한 말은 한두 가지가 아니다.

타고르가 노래한 조용한 아침의 나라에서 딴
아침고요 '수목원'

국립수목원은 우리나라 산림생물종에 대한 조사 · 수집 · 분류 및 보전, 희귀 특산식물의 보전 및 복원, 국내외 유용식물자원의 탐사 및 이용기술의 개발, 전시원의 조성 및 관리, 산림생물종과 숲, 산림문화 등을 소재로 한 산림환경교육 서비스 제공, 산림문화 사료의 발굴 및 보전 등의 임무를 보다 활발하게 수행하고, 특히 1997년 정부대책으로 수립된 광릉숲 보전대책의 성과 있는 추진을 위하여 1999년 5월 24일 임업연구원 중부임업시험장으로부터 독립하여 신설된 국내 최고의 산림생물종 연구기관이다.

●국립수목원 누리집

공식 누리집에 나온 국립수목원에 대한 설명은 다섯 줄로 넘어가서야 겨우 마침표가 나온다. 휴! 수목원이 언제 생겼을까 싶은데 설명 끝자락에 가서야 1920년대에 생겼다는 구절이 나온다. 1920년대라면 일제강점기에 생긴 것인데 나라를 빼앗긴 우리로서는 초근목피로 살기도 어려워 수목 관찰할 형편이 못 되었을 것이다. 그렇다고 일제가 우리 국토에 있는 나무들을 친절히 연구해주기 위해서 세운 것일까? 그렇게 볼 수는 없다. 식민지로 접수한 나라에서 행하는 모든 행위는 단 한 가지 목표를 위해서만 존재한다고 해도 지나치지 않다. 그 목표는 식민지 수탈이다.

『표준국어대사전』에서는 수목원을 어떻게 풀이하고 있을까?

❋ 수목-원(樹木園)

「명사」

관찰이나 연구의 목적으로 여러 가지 나무를 수집하여 재배하는 시설. '나무 동산'으로 순화.

이 풀이에는 나무 동산으로 순화하라고 되어 있으나 일본 말이라는 설명은 없다. 어쨌거나 '나무 동산' 쪽이 수목원보다는 뜻이 분명하다. 이런 순화 권고(?)를 잘 따른다면 아침고요수목원은 아침고요 나무 동산, 광릉수목원은 광릉 나무 동산, 홍릉수목원은 홍릉 나무 동산으로 각각 불러야 한다. 그런데 이런 수목원들은 국어사전에서 순화어로 지정한 '나무 동산' 이라는 말을 모르는 모양이다.

　주모쿠인(수목원, 樹木園)은 일본 말이다. 『일본대백과전서日本大百科全書』에서 설명하는 것을 보면 "수목원은 주로 목본성 식물木本性 植物을 모아 재배하는 식물원으로, 특히 규모가 큰 것을 수목원이라 부른다"고 하면서 미국 하버드대학 부속 수목원인 아널드 수목원을 예로 들고 있다. 아널드 수목원은 1872년에 생겨 약 6500여 종의 세계 수목들이 100헥타르에서 자라고 있다고 소개한다. 이어서 일본의 수목원 역사가 소개되고 있는데 일본의 수목원은 대부분 제2차 세계대전 후에 생긴 것으로, 이곳에서는 연구 외에 수목원을 찾아오는 사람들에게 자연 친화 방법을 가르치고 여가 시간을 보낼 수 있게 만들었다고 한다. 일본에서 유명한 수목원으로는 고베 시 삼림수목원森林植物園, 오이타 시 수목원 등을 들 수 있다.

　사실 일본은 메이지유신(1868년) 이후 1945년 제2차 세계대전 패전까지 나무나 식물을 길러 차분히 관찰할 여유가 없었다. 그들 스스로도 주모쿠인(수목원)의 역사를 패전 이후로 잡고 있는 것만 봐도 알 수 있다. 우리는 어떠한가! 일본과 오십보백보다. 일제강점기를 거쳐 8·15광복과 분단, 6·25 한국전쟁, 1970년대 경제부흥기를 지나오면서 나무 관찰은 뒷전으로 밀렸을 것이다. 우리 기억에 '수목원' 이라는 석 자를 확실히 심어준 것은 1996년에 문을 연 포천의 아침고요 수목원이 아닐까 한다. 삼육대학 한상경 교수가 전 세계를 돌아보면서 우리만의 정원을 꿈꾸어 만든 아침고요수목원은 이름에도 운치가 있다. 인도 시인 타고르의 조용한 아침의 나라 코리아를 상징하는 것에서 따온 '아침고요' 까지는 좋은데 뒤에 일본 말 '수목원' 을 붙인 것은 유감이다. '아침고요 나무 동산' 이라 했다면 이후에 만들어진 수목원들이 모두 본 땄을 텐데 아쉽다. 물론 더 아쉬운 것은 이 말의 유래를 밝히지 않고 '나무 동산' 으로 순화하라고 권하기만 하는 국어사전의 태도다.

1996년 포천에 문을 연 아침고요수목원.

옛날 '고참'이
나에게 체질 감정해달라고 오다

옛날 고참이 나에게 체질 감정해달라고 왔다. 10년 전 고참이다. 나도 임원, 그분도 임원 같이 일하다가 그룹 전출로 서로 헤어졌다. 얼마 전 퇴사해서 낭인이 되었는데 날 찾아왔다.

● 인터넷 포털 다음

누리집에서 예문을 찾다 보니 늙수그레한 두 양반이 악수하는 사진과 함께 이런 글이 실려 있다. 잘나가던 옛 시절에 고참과 부하 직원 사이였나 본데, 사진으로 볼 때는 머리도 휑하니 벗어지고 둘 다 늙어 누가 고참이고 누가 부하인지 알 수 없다. 나이 들면 함께 늙어간다는 말이 이런 것인가 보다. '고참'이란 말은 주로 군대에서 쓰는 말 같지만 보통 사람들도 흔하게 쓴다. 『초보 아빠 고참 되기』라는 제목이 붙은 책도 나와 있을 정도다.

『표준국어대사전』에는 고참이 어떻게 풀이되어 있을까?

❋ 고참古參[고-]

「명사」

오래전부터 한 직위나 직장 따위에 머물러 있는 사람. '선임01先任', '선임자', '선참01先參', '선참자'로 순화.

고참이란 말은 주로 군대에서 쓰는 말 같지만 보통 사람들도 흔하게 쓴다.

선임, 선임자, 선참, 선참자로 순화하라고 되어 있다. 내친 김에 선임과 선참을 살펴보자.

❊ 선임01 先任

「명사」

1. 어떤 임무나 직무 따위를 먼저 맡음.
2. =선임자.

❊ 선참01 先站

「명사」

1. 남보다 먼저 시작하거나 자리를 잡음. 선착편¹· 선편02¹.
2. 다른 사람이나 다른 일보다 먼저 하는 차례. 또는 그런 사람.
3. 먼저 길을 떠남.

자기보다 먼저 그 일에 뛰어든 사람을 가리키는 말이 우리말에는 왜 그리도 궁한가 모르겠다. 나보다 앞선 사람이란 뜻의 '선생' 도 한자말이고 '고참' 은 일본 한자말인 데다가 국립국어원이 권장하는 '선참자' 역시 한자말이다.

일본어대사전 『다이지센』을 보자.

❂ こさん【古参】:

　　ずっと以前からその職や地位に就いていること．また，その人．「―の職員」

　　「―兵」⇔新参しんざん．

군이 우리말로 번역할 필요는 없다. 국어사전이 충실히 따르고 있으니 그것을 보면 된다. 아무렴 700여 년의 사무라이 시대를 지나오고 그리고 메이지 유신 이후 병사 양성과 전쟁 놀음에 광분하던 일본 역사상 일본 말 속에 군사 용어가 적을 리가 없다. 선비 문화를 600여 년 갈고 다듬어 온 나라의 국민들이 사무라이 국가의 말을 아무렇지 않게 들여다 쓴다는 것은 생각해볼 문제다. 다른 좋은 말은 없을까.

경기도지사 선거에서 김문수에 '석패'

경기지사 선거에서 한나라당 김문수 후보에게 석패한 국민참여당 유시민 후보는 3일 "성원해 주신 유권자 여러분께 감사한다"며 "비록 선거에서 패배했지만, 야권연대를 성사시키고 야권 승리를 이뤄내는 데 기여했음을 자랑스럽게 생각한다"고 밝혔다.

● 『서울신문』 2010년 6월 3일

선거 때마다 뽑힌 사람과 떨어진 사람의 희비가 엇갈린다. 이러한 희비의 쌍곡선은 후보 자신뿐 아니라 지난 몇 주일 또는 몇 달을 동고동락해온 주변 사람의 마음에도 오래도록 새겨졌을 것이다. 이겼든 졌든 말이다.

특히 진 후보들의 그 쓰라린 마음은 당해보지 않고는 가늠키 어려울 것이다. 분하게 졌다고 생각하는 사람들이 한둘이 아닐 것이다. 그래서인지 '석패'라는 말이 이튿날 아침 신문에 당장 올라왔다. 석패라고 말하는 신문들은 "상대방이 이겨서 안타깝다"라는 것을 전제로 깔고 말하는 것인데, '이긴 쪽'과 '진 쪽'에서 중립을 지켜야 하는 언론이라면 석패라는 말은 조심해서 써야 할 것이다. 그 말을 내뱉는 순간 어느 쪽에 서 있는지 분명한 입장이 되어버리기 때문이다.

그만큼 조심스런 말이 '석패'지만 조심스럽게 말하건대 이 말은 '세키하이'라는 일본 한자말에서 온 것이다. 『표준국어대사전』 풀이를 보자.

❋ 석패惜敗

「명사」

경기나 경쟁에서 약간의 점수 차이로 아깝게 짐.

하지만 석패의 말밑(어원)은 함묵하고 있다. 일본 국어대사전 『다이지센』에도 석패라는 표제어가 있다.

❋ せきはい【惜敗】

競技や試合などで、わずかの差で負けること.

1960년 대통령 선거 후 일어난 부정선거 규탄 시위. 선거가 끝나고 나면 아깝게 졌다며 석패라고 말한다.

　굳이 번역할 필요는 없다. 우리 국어사전에서 토씨 하나 바꾸지 않고 그대로 번역해다 쓰고 있으니까 말이다. 일본어 발음 세키하이를 석패로 쓰고 있을 뿐이다.
　이렇게 일본 말을 한자음 그대로 빌어다 쓰는 말은 참으로 많다. 유통을 뜻하는 물류(物流, 부쓰류), 강바닥을 가리키는 하상(河床, 가쇼·가와도코), 방아 찧기를 말하는 도정(搗精, 도세이), 앞에서 말한 바 있는 서정쇄신(庶政刷新, 쇼세이삿신) 등이 모두 그런 예다. 한국어 낱말 가운데 70퍼센트가 한자어라고 하는 사람들이 있는데 바로 이런 일본식 한자 때문이다. '석패'를 '아깝게 지다'라는 우리 토박이말로 바꿔 쓰고 우리 말글살이에서 몰아낸다면 우리말 속 한자어 비중은 차츰 줄어들 것이다.

'분재' 소나무를 읊다

눈 쌓인 산 흐린 햇빛에 희미할 텐데	雪嶺迷煙日
어찌하여 이 와분에 와 있단 말인가	胡然在瓦盆
작은 먼지가 국토를 포함한다더니	微塵含國土
이게 바로 완연히 한 개 천지로구나	宛爾一乾坤

이 시는 고려 말 문장가로 이름을 날린 목은 이색李穡, 1328~1396의 『목은시고』 제19권에 나온다. 시 제목은 「영분송詠盆松」인데 국역한 사람이 '盆'을 '분재'라고 옮겨놓았다. 또한 『중종실록』 9권, 4년(1509)에도 분재 기사가 보인다.

남천 분재. 우리말 분은 일본 말 분재에 눌려 이제 쓰이지 않는다.

장원서掌苑署가 분재盆栽한 국화를 올리니, 전교하기를, 전일에 상전上殿 외에는 잡화雜花를 올리지 말라는 것을 이미 분부했는데, 어찌하여 이 꽃을 올리느냐?

掌苑署進盆菊. 傳曰:"前日上殿外, 勿進雜花事, 已教之, 何以進此花耶?

원문의 '분국盆菊'을 '분재한 국화'라고 번역해놓았다. 한국어 위키백과는 분재의 역사에 대해 다음과 같이 설명하고 있다.

중국, 일본, 대한민국 등의 전통 예술로 중국에서의 역사가 가장 오래되었다. 중국에서는 약 2000년 전에 시작되었으며, 서기 1300년경에 일본에 전파되었다. 한반도에는 서기 7세기에서 13세기 사이에 당나라 송나라로부터 전파된 것으로 보인다. Bonsai라는 영어식 표기는 분재의 일본식 발음에서 유래한 것으로, 세계 분재 시장의 대부분을 일본산이 차지하고 있다.

이 사전대로라면 한반도가 일본보다 분재의 역사가 길다. 그런데 왜 '분盆'을 버리고 '분재盆栽'를 택한 것일까? 분재인들이 설명해주었으면 좋겠다. 『표준국어대사전』에서는 분재를 다음과 같이 풀이하고 있다.

❋ **분재04 盆栽**

「명사」

화초나 나무 따위를 화분에 심어서 줄기나 가지를 보기 좋게 가꿈. 또는 그렇게 가꾼 화초나 나무.

문제는 이 말의 말밑(어원) 풀이다. 내가 국립국어원에 분재의 어원을 물어보았더니 2009년 10월 5일에 다음과 같은 답변을 해주었다.

질문 분재라는 말의 어원을 알려주세요

이윤옥(2009. 10. 4)

'분재'라는 말의 어원을 알고 싶습니다.
아래에 나오는 '분재'의 어원을 알고 싶습니다.

분재04 盆栽
「명사」
화초나 나무 따위를 화분에 심어서 줄기나 가지를 보기 좋게 가꿈. 또는 그렇게 가꾼 화초나 나무.

답

안녕하십니까?
한자어인 '분재'의 어원에 관해서는 '분재'의 원어인 '盆(동이 분)'과 '栽(심을 재)'를 참고하시기 바랍니다. 여러 자료를 검토하였으나, '분재'의 어원에 관하여, '분재'의 원어가 말해 주고 있는 것 이상으로 드릴 수 있는 정보를 찾지 못하였습니다.

분재에 대해 정리해보자면, 분재bonsai는 일본에서 쓰는 말로 이 말이

들어오기 전까지 우리는 '분盆'이라고만 썼으며 분재 역사 또한 우리가 더 길다. 일본 분재 역사는 700년이지만 한국의 분재 역사는 무려 일본의 갑절에 해당하는 1300년에 이른다. 이런 전통을 가진 겨레가 왜 본사이(분재)라는 말을 따라야 하는지 궁금하다.

　이참에 분재를 가리키는 근사한 토박이말을 전 국민 공모라도 해보면 어떨까. 혹시 궤변자들은 그럴 시간 있으면 그냥 본사이(분재)를 쓰고 다른 데 신경 쓰라고 덤벼들지 모르겠다. 그런 사람들 때문에 숱한 일본 말 찌꺼기가 광복 68주년을 맞는 지금까지도 우리말 속에 독버섯처럼 박혀 있는 것이다. 분재라는 말을 쓰지 말자는 게 아니라 하다못해 『표준국어대사전』에 "분재는 일본 말에서 비롯된 것이며 우리말에서는 분盆이라고 썼다"라는 말이라도 덧붙였으면 속이 시원하겠다.

이월 제품으로 구입한 부츠에 기스가 있는데 '수선'되나요

7월 달쯤에 노량진 매장에서 이월 제품으로 앵클부츠 구입했거든요. 앞 부분이 기스가 많이 나서 수선하려는데 수선 가능한가요? 수선하러 갈 때 구두만 가져가면 되는 거죠?

●인터넷 포털 다음

이월 제품이란 게 원래 말썽이 생길 소지가 많다. 정품이 그래서 좋은 거고 그런 만큼 비싸다. 신제품도 정품이련만 기스(흠집)가 나서 수선 가능한지 묻고 있는 아가씨 심정은 어떨까? 기스傷, きず라는 일본 말도 여전히 생명력 있게 쓰는 말이다.

고장 난 자전거를 수선하다, 낡은 구두를 수선하다와 같이 흔히 쓰는 '수선'을 『표준국어대사전』에서는 수선을 짤막하게 풀이하고 있다.

❋ 수선13 修繕

「명사」

낡거나 헌 물건을 고침.

그러나 같은 기관의 누리집에서 찾기마당의 순화어 게시판에 들어가서 검색창에 '수선'을 넣고 검색하면 이렇게 나온다.

❋ 수선

순 화 어 : 고침

원 　　어 : 修繕

순 화 정 도 : → : 될 수 있으면 순화한 용어를 쓸 것

의미/용례 : 행정

비 　　고 : 국연1992

'순화한 용어만 쓰라'고 해놓았다. 왜 순화하라는 것일까? 이유는 나와 있지 않다. 군사 문화가 남긴 나쁜 병폐가 국어원 누리집에도 여전히 살아 있다. 국민을 설득해야 국어 정책은 성공한다. 이해하고 감동받으면

낡고 헌 신발은 수선해야 한다. 수선을 고침으로 순화하라고 하는데, 그 이유가 없다.

'기스' 같은 말은 쓰라고 해도 '흠집'으로 고쳐서 쓴다. 수선도 마찬가지다. 그냥 수선을 고침으로 고쳐 쓰라고 해봤자 별 반응이 없다.

그렇다면 이 수선은 언제부터 쓴 말일까? 『인조실록』 1627(정묘)년 5월 12일의 기록을 보자.

> 물력이 탕갈되어 마련하기가 쉽지 않습니다. 감사들로 하여금 각 고을에 저장하고 있는 갑주를 조사해서 파괴된 것은 수선修繕하여 수효를 계산해 계문啓聞하게 하소서.
>
> 物力蕩竭, 未易辨得, 請令監司, 查得各官所儲甲冑, 其破壞者, 使之修繕, 計數啓聞.

원문에서 나온 수철修綴이 수선修繕으로 번역되어 있다. 일본 국어대사전 『다이지센』에서 수선을 찾아보았다.

しゅうぜん〔シウ〕【修繕】

[名]

(スル)壊れたり悪くなったりしたところを繕い直すこと. 修理.

번역하면, "슈젠: 망가지거나 나빠진 곳을 고치는 것. 수리"를 뜻한다. 구두 수선, 옷 수선, 가방 수선은 물론이고 아파트 관리비에는 수선충담금 또는 특별수선충당금 같은 항목이 있을 정도로 널리 쓰는 말이다. 이 참에 수선은 고침 또는 고치기로 고쳐 써서 구두 고침, 옷 고침 등으로 썼으면 좋겠다.

'품절'되기 전에 주문하세요

빠른 품절을 보였던 흘림 방지 이중 스트로우컵 입고 완료되었습니다.
빨리 주문 안 하면 이번에도 품절되지 싶어요.

● 인터넷 포털 다음

매우 좋은 컵인가 보다. 품절이 예상되니 빨리 주문하란다. 군중심리를 이용하면 더 잘 팔릴 것 같다. 광고문과 함께 나와 있는 사진을 보니 미국 갓난쟁이가 우유병처럼 생긴 컵을 빨고 있다. 컵인지 우유병인지 알 수 없는데 이것이 스트로 컵이란다. 요즘 엄마들은 인터넷 시대에 살아서 그런지 미국 또는 일본에서 유행하는 물건이라면 즉각 사들이는 버릇이 있다. 그래서 이런 심리를 잘 공략하여 잽싸게 물건을 들여다 팔면 단단히 한몫 볼 듯싶다. 이때 상술은 다른 거 필요 없다. 품절 예상만 써놓으면 된다.

그럼 '품절' 을 『표준국어대사전』에서 어떻게 풀어놓았는지 살펴보자.

✿ 품절02품절[품ː-]

「명사」

김포 5일장 풍경. 물건이 다 팔리고 없는 것을 품절이라 일컫는데, 이 말은 일본 말이다.

물건이 다 팔리고 없음. '동남', '동이 남', '물건 없음', '없음'으로 순화. ≒절품01切品.

'동이 남'으로 고쳐 쓰란다. 고쳐야 하는 이유를 알려주지 않고 말이다. 그런데 품절은 일본 말이다. 일본 국어대사전 『다이지센』을 보자.

しなぎれ【品切れ】
商品がすっかり賣れて在庫がなくなること

번역하면, "시나기레: 상품이 완전히 팔려서 재고가 없는 것", 곧 동이 나버리는 것을 말한다. 우리말 '동 나다' 보다는 정이 없는 말이다. 품절처럼 한자음을 따서 쓰는 말로는 추월追越, 횡단보도(橫斷步道, 오단호도), 신병(身柄, 미가라) 등 헤아릴 수 없이 많다. 우리말의 한자말 상당수가 일본말에서 가져온 것이다. 참으로 안타까운 일이다.

그렇다면 조선 시대에 '품절'이란 말은 어떻게 쓰였을까? 궁금하다. 『영조실록』 1758년(91권)에 보면 우리말 동 나다 또는 다 팔리다를 가리킬 때 '핍절乏絶'로 나와 있다. 우리말로 번역하는 사람들이 '품절'로 번역해 놓았다.

일본日本 대마주 태수對馬州太守 평의번平義蕃이 사자使者를 보내어 향香을 올렸다. 대마도는 언제나 국휼國恤에 조차弔差를 보내어 향을 올리고 해를 넘긴 적이 없었는데, 이때에 이르러 그 올리는 침향沈香이 대마도 안에서 나는 것이 아니라 강호江戶에서 구하였으나, 또한 품절되어 멀리 중국에 까지 가서 산 때문에 지난 가을에 비로소 준비하여 출발하였는데, 차사의 배가 또 풍파에 표류하여 해를 지난 뒤에야 비로소 부산에 닿았다고 하였다.

日本對馬州太守平義蕃, 遣使進香. 馬島例於國恤, 遣弔差進香, 而未嘗逾歲, 至是以其所進沈香, 非島中所産求諸江戶, 而亦乏絶以至遠貿中國, 故前秋始裝發, 而差船又爲風濤所漂, 經年之後, 始泊釜山云.

우리말 핌절을 일본 말 품절이 밀어냈다. 이런 예는 표구가 장황을, 동장군이 현명이란 낱말을 밀어낸 꼴과 다르지 않다. 과거에 쓴 낱말로 돌아가자는 것이 아니다. 그 유래라도 알고 쓰자는 것이다.

영화
'엽기적인' 그녀

러시아 여대생이 친구들과 함께 유기견을 해부하는 과정을 사진으로 찍어 자신의 홈페이지에 공개한 엽기적인 행각을 보인 여성은 현재 18세로 우크라이나 한 대학의 동물용 의약품 관련 학부에 재학 중인 학생. 사진들은 실습 과제를 위해 유기견을 구해 해부한 과정들을 찍은 것인데 홈페이지에 공개된 유기견 사진들은 해부 모습이 너무 노골적으로 나타나 차마 눈뜨고 보기 힘들 정도라고 합니다. 더욱 경악할 만한 것은 이런 엽기적인 사진 속에 나타난 그녀의 모습인데 그녀는 마치 절친한 친구와 즐거운 한때를 남기는 듯한 해맑은 미소를 지으며 해부된 유기견 옆에서 포즈를 취하고 있다고 해요.　　　　　　　　　●인터넷 포털 파란

과연 엽기적인 행각 같다. 해부를 해놓고 해맑은 미소를 짓는 사진 모습이 공개돼 누리꾼 사이에서 논란이 뜨거웠던 모양이다. 그런데 엽기적이란 어떤 것을 가리키는 표현일까? 『표준국어대사전』에서는 엽기적을 다음과 같이 풀이한다.

● 엽기-적獵奇的[-끼-]

「관형사 · 명사」

비정상적이고 괴이한 일이나 사물에 흥미를 느끼는. 또는 그런 것. '괴기적'으로 순화.

그렇다면 일본어 대사전 『다이지센』에서는 뭐라고 되어 있을까.

りょうき てき【獵奇的】:

[形動]

奇怪・異常なものを捜し求めるさま. また, そういう氣持ちを滿足させるようなさま.「—な犯罪」

번역하면 "료키데키: 기괴하고 이상한 것을 찾아 헤매는 모습. 또 그러한 기분을 만족시키려는 모습, 엽기적인 범죄"라고 되어 있다.

젊은 세대들이 새롭게 뜻을 붙인 엽기적과 달리 원래 엽기적이라 하면

본디 비정상적이고 괴이한 것을 가리키던 '엽기적'은 새로운 뜻이 생겨났다.

차마 눈 뜨고 못 볼 흉악한 살인 사건, 곧 토막 살인 같은 장면을 떠올린다. 그런데 이 엽기라는 말을 '그녀'에게 쓰고 있는 나라가 있으니 대한민국이 바로 그 나라다. 2001년 '엽기적인 그녀'라는 제목으로 곽재용 감독이 영화로 만들어 상투적인 멜로 영화의 공식을 뒤집으며 한국 로맨틱 코미디 영화에 새바람을 몰고 온 작품이라는 평을 받는 〈엽기적인 그녀〉는 '엽기'라는 말의 원조인 일본에도 진출한 영화다.

국내 문헌 가운데 '엽기'라는 말이 자주 나오는 자료는 일제강점기에 나온 잡지들이다. 『조선급만주』 375호(1939년 2월)에 「본지 기자가 본 경성에서 일어난 엽기적인 범죄 여러 가지」라든가 『동아일보』 1933년 10월 20일치에 실린 「열차 변소에 떨어트린 만원의 엽기적 탐사 신체수색은 몟번 유치인(列車便所에 떨어트린 萬圓의 獵奇的 探查 身體搜索은 몟번 留置人)」 또는 『동아일보』 1934년 2월 4일치에 실린 「엽기적 괴사건! 양주 부곡리 나무장사 지시현 입경한 채 거처불명(獵奇的怪事件! 楊州釜谷里 나무장사 池是鉉 入京한 채 去處不明)」 같은 기사에서 볼 수 있을 뿐 조선 시대에는 이런 말을 쓰지 않았다. 조선 시대에도 '엽기적'인 사건이 없었던 것은 아니나 실록에서는 기괴奇怪 또는 괴기怪奇라고 썼을 뿐이다.

영화 〈엽기적인 그녀〉가 인기를 느낄 무렵에 누리집에는 엽기토끼, 신당동 엽기떡볶이, 베트남 엽기 음식 따위의 아리송한 '엽기'들이 가히 엽기적일 만큼 널리 쓰였다. 국민들 사이에서 엽기는 일본 말 찌꺼기의 전형적인 유통 방법인 수입-발전-확산 형식으로 퍼져나가고 있는 중이다.

'불심검문' 하는 거리

"잠시 검문이 있겠습니다."라는 공손한 인사말이 떨어지기 무섭게 '주민등록증'을 요구하는 경찰관과의 썩 유쾌하지 않은 경험을 한국인이라면 누구나 한 번쯤 가지고 있을 것이다. 이른바 불심검문不審檢問이다. 특히 1980년대에는 시민과 대학생들이 자주 거리에서 경찰에게 불심검문 당하는 모습을 볼 수 있었다. 그때는 여학생들도 핸드백을 열어 보여야 했다.

●인터넷 포털 다음

요즈음 많이 줄어들었다고는 하지만 그래도 불심검문 자체가 사라진 것은 아니다. 경찰이 길 가는 사람을 느닷없이 세워두고 신분증을 요구한다면 누구나 지은 죄가 없어도 주춤해지게 마련이다.『표준국어대사전』에서는 불심검문이란 말을 어떻게 풀이할까?

❀ 불심검문不審檢問

『법률』

경찰관이, 수상한 거동을 하거나 죄를 범하였거나 범하려고 하여 의심받을 만한 사람을 정지시켜 질문하는 일. 주로 범인 체포, 범죄 예방, 정보 수집 등을 목적으로 행한다. ≒직무 질문.

수상한 거동을 하는 사람이야 금세 알겠지만 '의심받을 만한 사람'이라는 뜻은 좀 모호하다. 순전히 경찰관이 주관적인 판단을 근거로 행하는 이런 '검문'은 당하는 입장에서 보면 황당한 일이다.

한국에서 쓰는 불심검문은 일본에서는 불심심문이란 말로 쓰였다.『일본대백과사전』에서는 불심심문(不審尋問, 후신진몽)이란 "경찰관이 범죄를 예방하기 위해 또는 범죄 수사의 단서를 얻기 위해 거동 불심자에 대해 심문하는 것으로 메이지 시대(1875년)에 만들어져 제2차 세계대전 때에 쓰던 말이다"라고 풀이하고 있다. 이후 불심심문의 폐해를 놓고 논란이 일자 1948년 법률 136호로 경찰관직무집행법을 제정하여 불심심문은 직무질문이라는 형태로 모습을 바꾸게 된다.

한편 불심심문과는 별도로 일본에서는 지하철 차 안에 '불심자不審者가 발견될 때에는 즉시 신고해주세요.'라는 스티커가 붙어 있으며 일본 경시청 누리집에는 관내불심자정보라는 방을 만들어 이른바 수상한 사람에 대한 단속을 게을리하지 않고 있다. 이때 수상한 사람으로 걸려드는 사람들은 한국인을 비롯한 동남아시아 사람들일 때가 자주 있다. 실제로 도쿄 거리를 걷다가 필리핀이나 방글라데시 사람으로 보이는 사람들이 코방(파출소)에서 조사받는 것을 본 적이 있다.

   세상이 하 수상하다 보니 우리나라 경찰관들도 불심검문을 하지 않을 수 없다고 하겠지만 지금까지 불심검문으로 이룩한 일도 별반 없을진대 제발 일본 사람들이 하던 불심검문은 말았으면 한다. 물론 말도 청산되길 바라는 마음 간절하다.

2012년 9월 2일 2년 만에 불심검문이 부활했다. 이 말은 메이지 시대에 생겨 2차 대전까지 쓰던 일본 말이다.

'원족' 가는 날

나무는 잘라도 나무로 있고, 물은 잘라도 잘리지 않습니다.

산은 올라가면 내려가야 하고, 물은 거슬러 오르지 않습니다.

……

인생은 하나밖에 없습니다. 시간도 하나밖에 없습니다.

6월 20일은 원족遠足 가는 날

벌써부터 동심으로 돌아가

설레인 마음만 가득히…….

●인터넷 포털 다음

인터넷에 올라와 있는 '원족' 안내글이다. 그런데 이 말은 일본 말 '엔소쿠遠足'를 그대로 따다 쓰는 것이다. 일본 국어대사전 『다이지센』에서 이 말을 찾아보면 다음과 같다.

えんそく【遠足】:
1. 學校で, 運動や見學を目的として, 敎師の引率で行う日歸りの小旅行.
2. 遠い所まで出かけること.

번역하면 "1. 학교에서 운동이나 견학의 목적으로 교사의 인솔 하에 다녀오는 당일치기 여행. 2. 먼 곳까지 나가는 것"으로 되어 있다. 『표준국어대사전』에서는 "원족=소풍"이라 해두었다. 그래서 다시 소풍을 찾아보았다.

❀ 소풍02 逍風/消風
「명사」
1. 휴식을 취하기 위해서 야외에 나갔다 오는 일. 원족01'.
2. 『교육』학교에서, 자연 관찰이나 역사 유적 따위의 견학을 겸하여 야외로 갔다 오는 일.

지금 오십 대 정도 되는 사람은 어렸을 때 '소풍'이라 하지 않고 '원족'이

라는 말을 많이 썼다. 나 역시 원족을 다녔는데 그때는 발음을 '원적'이라고 했다. 커서 일본어 공부를 하다 보니 이것이 일본 말 '엔소쿠ぇんそく, 遠足에서 온 것을 보고 놀란 적이 있다.

원적 또는 원족 가는 날은 김밥과 삶은 달걀을 먹을 수 있어 그 설레던 마음을 지금 아이들은 이해하기 어려울 것이다. 지금은 길거리에 김밥집이 즐비하지만 그 시절에는 김도 귀한지라 원족 가는 날이 아니면 김밥 구경은 턱도 없다. 원족 날 아침 어머니는 다쿠앙(단무지)을 굵게 썰어서 넣고 당근과 시금치 이 세 가지로만 김밥을 말아주셨다. 더러 부잣집 애들은 새빨간 소시지를 넣은 김밥을 싸서 오기도 했는데 지금 생각하면 그 새빨간 소시지에는 색소가 듬뿍 든 것 같다. 그 빛깔이 밥에 새빨갛게 묻

지금은 원족을 소풍으로 고쳐 쓰고 있다.

어 있었음에도 그것을 한 입 얻어먹으려고 앞다투던 기억이 빨간 소시지처럼 선명하다. 샛노란 다꾸앙의 물이 밥에 물든 것은 또 어떠하고……. 그땐 식용색소를 제한 없이 써도 언론에서 떠들거나 하는 일은 없었다. 돌아보면 장사꾼들이 돈 벌기 좋은 시절이었다.

　재미난다고 해야 할까? 이상하다고 해야 할까? 국립국어원 『표준국어대사전』에는 "소풍 = 원족"이라고 해놓고 같은 기관인 국립국어원 순화어방에는 '원족'을 일본어투 생활용어라고 규정하면서 '순화한 용어만 사용하라'고 못 박고 있다. 이 무슨 국어 정책이란 말인가! 그나저나 소풍이란 말도 요새는 듣기 어렵고 '현장학습'이 그 자리를 차지하는 듯하다.

입원
'가료' 중

박용하를 한류스타로 부상시킨 드라마 〈겨울연가〉의 연출 윤석호 PD도 이날 오후 무거운 표정으로 장례식장을 찾았다. 빈소에서는 상주를 맡은 박용하의 매형과 누나, 사촌형이 조문객들을 맞고 있다. 박용하의 어머니는 아들의 사망을 확인하고 실신해 같은 병원에 입원 중이고 위암 말기로 박용하의 집에서 가료 중이던 박용하의 아버지도 병세를 염려한 가족들의 권유로 같은 병원 병실에 머물고 있다. 박용하의 한 측근은 "유족들이 큰 충격을 받았지만 상황을 추스르려 애쓰고 있다"고 전했다.

● 『연합뉴스』 2010년 6월 30일

젊은 한류 스타의 죽음을 알리는 뉴스에 위암 말기 아버지가 입원 '가료' 중이었다는 말이 나온다. 남편이 병을 앓는다는 사실만 해도 가슴 아플 텐데 아들마저 저세상으로 보내야 하는 어머니의 심정은 어떠할까 가늠하기 어렵다. 세상을 살다 보면 숱한 난관이 있게 마련이지만 그것을 극복하는 방법이 모두 다르다. 최근 그 방법으로 죽음을 선택하는 이들이 많아 몹시 안타깝다.

가료를 『표준국어대사전』에서 찾아보면 다음과 같다.

* 가료02 加療

  「명사」

  = 치료. '치료', '고침', '병 고침'으로 순화.

일본 국어대사전 『다이지센』을 보자.

* かりょう【加療】:

  病気やけがの治療をすること。「入院のうえ―する」

번역하면 "병이나 상처를 치료하는 일, 입원가료하다"로 되어 있다. 여기서 알 수 있듯이 우리가 쓰는 가료는 일본 말 '가료'에서 들어온 말이다.

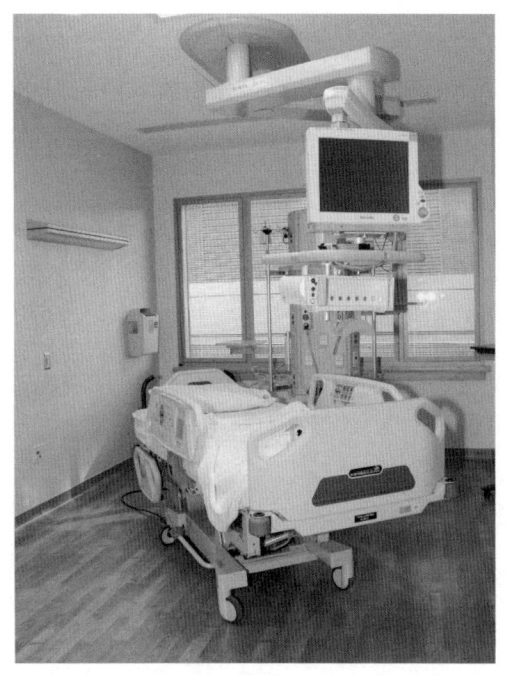
가료는 치료로 고쳐 쓸 수 있다.

『동아일보』1933년 1월 1일치에「오는 봄도 못 기다려 음독자살한 청춘남녀 중 남자는 죽고 여자는 입원 가료 중」이라는 사회면 기사가 눈에 띈다. 남자는 지금의 연세대인 연희전문학교 학생이고 여자는 구슬픈 목소리의 가수이자 연극계에 혜성 같은 존재인 이애리수 양이다. '칼모진'이라는 약을 둘이 나눠 마셨으나 남자만 죽고 여자가 깨어나자 동맥을 끊어 피가 낭자한 것을 집안 식구가 발견하여 병원에서 응급 치료를 받고 입원 가료 중이라는 기사다. 남자는 집안에서 짝 지어준 여성과 맘에 없는 결혼을 하게 되어 일 년 만에 파경을 맞이하는데 또다시 집안에서 강제 결혼을 당한 상태에서 이애리수를 만나 사랑을 키우다가 완고한 집안의 벽을 넘지 못하고 죽음을 택하게 된 것이다. 1939년다운 결혼 풍습이다. 중태 상태에서 입원 가료 중이던 가수는 그 뒤 가수 생활을 접고 철저하게 평범한 주부로 살았는데, 음독 기사는 잔잔한 슬픔과 안타까움을 더한다.

입원 가료 중이란 말로 자주 쓰이는 가료는 치료로 순화하라고 하지만 병 고침 같은 말로 고쳐 써도 좋을 것이다. 원래 우리는 가료라는 말 대신 '구료救療'라는 말을 썼다. 『연산군일기』 26권, 3년(1497년)에 이런 기록이 나온다.

> 형조刑曹에서 신종례申從禮를 가두고 심문을 받았는데, 곤장 한 차례를 때리니 죽었다. 한성부漢城府에서 시체를 검사하고 입계入啓하니, 전교하기를, "사람 목숨이 지극히 중한데, 요사이는 형장刑杖 한 차례를 맞고 죽는 자가 자못 많으니, 규격에 맞지 않는 곤장을 써서 그렇게 되는 것이 아니냐. 그리고 만일에 병을 가료하는 데 힘쓰지 않아 죽는다면 그 역시 불가하니, 의금부義禁府로 하여금 옥 맡은 관리들을 단속하게 하라."
>
> 刑曹囚申宗禮受訊杖一次而死. 漢城府檢屍入啓, 傳曰: "人命至重, 近來刑訊一次, 死者頗多. 無奈用不校之杖而致然歟? 且如不用意救療而殞命, 則亦不可, 其令禁府, 劾典獄官吏. 今後, 刑杖校正事, 其申勅用刑各司."

원문에서는 '구료救療'라고 쓰고 있는데 국역본에서는 일본 말 '가료'로 번역하고 있다. 치료라고 해도 좋으련만 구태여 일본 말 가료로 옮긴 까닭을 모르겠다. 물론 치료治療라는 말은 조선 왕조 때도 쓰였다. 『세종실록』 3권, 1년(1419년)에 다음과 같은 기록이 보인다.

상왕이 두 어깨가 몹시 아프므로, 날도 가리지 않고 곧 의원 박윤덕朴允德으로 하여금 뜸질을 하게 하므로, 영의정 유정현·참판 이명덕 등이, '뜸질을 하지 마시고 온천에 가서 치료하시라'고 청하니, 상왕이 말하기를, "병이 심하여 몸을 움직일 수 없다."
上王以兩肩痛劇, 不卜日, 卽命醫朴允德灸之. 領議政柳廷顯, 參判李明德 等請勿灸, 幸溫泉治療, 上王曰: "病甚, 不可動身行幸."

병이 나면 치료해야 하지만 '병을 고치다'라는 우리 토박이말도 있음을 기억해야 할 것이다.

'건배' 유감

각종 행사 때나 친목의 모임 때마다 건배를 하는데 그 구호가 너무 다양하여 오늘은 무어라고 구호를 붙여야 할지 잠시 망설이는 사람도 많다. 건배, 위하여, 우리가 남이가, 우리가 다리이가(경상도 사투리), 조통세평(조국의 통일과 세계의 평화를 위하여), 노털카(놓지도 말고 털지도 말고 '카~' 하지도 말자) 등등 이루 다 적을 수 없을 만큼 종류가 많다. …… 필자는 이런 구호들의 선악에 대한 시비를 하려는 것이 아니고 건배의 구호를 '건배' 하나로 통일하자고 제안한다. 우리의 다양함도 좋지만 만세삼창이나 건배 같은 구호는 한 목소리를 내어야 한다. 미국은 '치어스', 중국은 '간패이', 일본은 '간빠이' 한 가지로만 변함없이 쓰듯 우리도 '건배' 하나만으로 통일하자. '위하여!' 라고 해도 좋다. 그러나 끝에 '건배' 를 한 번 더 쓰자!

●이재윤, 건배유감乾杯有感

건배할 때 어떤 구호를 쓰는 게 좋을까? 이에 대한 의견은 전부터 다양하게 많이 나왔다. 이 예문처럼 '건배' 구호를 하나로 통일해야 하는지는 사람마다 의견이 다를 수 있으며 설사 하나로 통일하자 해서 그것이 통일될는지는 미지수다. 지금 이 시간에도 어디에선가 부딪치는 술잔과 함께 묻어 나오는 건배 구호는 그야말로 천차만별 그 자체라 파악조차 할 수 없는 게 사실이다. 고전적이라고 할 수 있는 흔한 건배 구호 몇 개를 보자.

사우나 : 사랑과 우정을 나누자

변사또 : 변함없는 사랑으로 또다시 만나자

당신멋져 : 당당하게 살자, 신나게 살자, 멋지게 살자,

    (때로는) 져주며 살자

진달래 : 진하고 달콤한 내일을 위하여

개나리 : '(개)급장 떼고, 나이는 잊고, Relax & Refresh 하자' (회식용)

지화자 : 지금부터 화목한 자리를 위하여

건배 구호는 끝없이 생겨났다가 사라지고 또 만들어진다. 이것은 어찌

268

보면 새로운 것을 추구하는 사람들의 욕구이자 세태 풍경이기도 하다. '건배'라는 멋없는 말로 통일하는 것보다는 다양한 말로 건배 구호를 하는 것이 어쩌면 더 좋을 일인지 모른다.

곰곰 생각해보면 일본에서 온 '감빠이(건배)' 문화는 썩 좋은 것은 아니라는 생각이 든다. 위아래도 없이 술잔을 부딪치는 이런 문화는 결코 유쾌한 문화는 아니다. 아비와 자식 사이에, 사제지간에, 선후배 사이에 딱딱한 격식을 갖추라는 말은 아니지만 요즈음 술자리에 가면 미간이 찌푸려질 만큼 버릇없는 장면이 눈에 자주 띈다.

'감빠이'로 통일해서 쓰는 일본 사람들은 사제지간에 술자리에서 맥주잔을 부딪쳤을 때도 서로 마주 보며 술을 마신다. 한국인이 동석하여 윗사람에 대한 예의를 지키느라고 술잔을 옆으로 해서 마시는 것을 보면 곧잘 의아해한다. 이런 일본인들에게 '한국인들은 스승이나 선배 등 웃어른 앞에서는 몸을 약간 돌리고 술잔 역시 정면을 피해 마신다'고 답하면 매우 놀라운 표정으로 '좋은 문화'라고 부러워한다. 그도 그럴 것이 과거부터 물려온 점잖은 유교 문화의 틀 속에서 술잔을 마주한 채 쨍하고 소리 나도록 부딪치는 정서란 좀처럼 상상하기 어렵다. 조선 전기의 문신 이의무李宜茂, 1449~1507 문집인 『연헌잡고蓮軒雜稿, 1696』에 보면, '건배乾杯'라는 말이 보인다.

　　가을이 다해가니 아득히 먼 하늘은 푸르고　　　　　　　　秋盡遙天碧

서리가 깊어지니 잎이 진 나무가 많다	霜深落木多
말린 차를 마시려고 찻잔에다 (차를) 거르고	飮乾杯上淥
짧아진 머리 빗질하니 귀밑털이 희도다(ᅡ)	梳短鬢邊皤
사슴은 엎드려 있다가 미친 듯이 험난한 곳으로 달려가고	鹿仆狂馳險
새는 날다가 잘못 그물에 부딪친다	禽飛誤觸羅
몸을 꾀함이 지금 이와 같고	謀身今若此
호탕하게 한바탕 장가(장편의 노래)를 부른다	浩浩一長歌

 여기에 나온 건배는 요즈음 술 마실 때 쓰는 일본 말 감빠이(건배)가 아닙니다. 한시에서 5언시는 두 자와 세 자로 나누어 해석해야 하므로 '飮乾 / 杯上淥'으로 보아야 한다. 곧, '건乾'은 차로 마시기 위해 만든 말린 차 종류이며 '배杯'는 찻잔의 뜻이라고 봐야 한다. 이 예에서 보듯이 우리 겨레는 '건배'라는 말은 썼지만 구호용 말로는 쓰지 않았다. 값싼 말 대신 서로 눈빛을 마주하며 품위 있게 마셨던 것이다.

 건배를 『표준국어대사전』에서 찾아보면 다음과 같다.

❋ 건배乾杯

「명사」

1. 술잔의 술을 다 마셔 비움.
2. 술좌석에서 서로 잔을 들어 축하하거나 건강 또는 행운을 비는 일.

이 풀이에는 일본 말이라는 말은 없다. 일본 국어대사전 『다이지센』에서는 뭐라고 할까?

> 杯の酒を飲み干すこと。特に、喜びや祝福の氣持ちを込め、杯を差し上げたり触れ合わせたりして、酒を飲むこと。

번역하면, "술잔의 술을 다 마심. 특히 기쁨이나 축복의 마음으로 술잔을 건네거나 술잔을 마주치며 술을 마시는 일"이라고 나와 있다. 어느 사전이 어느 사전을 베낀 것인지는 독자가 판단할 일이다.

좋은 문화를 받아들인다면 환영할 일이지만 위아래도 없는 '감빠이' 문화는 어딘지 씁쓸하다. 과장이나 사원이 함께 술잔을 부딪치고 선후배도 알 수 없는 술 문화를 보면서 한편으로는 상당히 평등하고 화목한 분위기 같지만 다른 한편으로는 볼썽사나운 모습도 종종 눈에 띤다. 지금부터라도 술 마시는 자리에서 "감빠이(건배)" 대신 "지화자 / 좋다" 같은 말로 서로 흥을 돋아보는 것은 어떨는지······.

'대미'를 장식하다

'제46회 광주 시민의 날' 기념식에 참석한 시민들은 미래의 주역인 광주 시립소년소녀합창단의 식전 공연을 관람하고, 광주시향과 시립합창단으로 구성된 연합 합창단과 함께 '시민의 노래', '임을 위한 행진곡'을 부르며 대미를 장식했다.

● 『광주일등뉴스』, 2011년 5월 20일

무슨 일이든 마지막 마무리를 할 때 흔히 쓰는 말로 "대미를 장식하다"라는 말이 있다. 『표준국어대사전』에서는 대미를 다음과 같이 풀이한다.

❋ **대미03大尾[대:-]**

「명사」

어떤 일의 맨 마지막. '맨 끝'으로 순화. ≒대단원02 1.

비슷한 뜻으로 대단원의 "막을 내리다"라는 말이 있지만 "대미를 장식하다 = 대단원의 막을 내리다"는 어쩐지 같지 않은 느낌이다.

그런데 이 말은 일본 말 '다이비大尾,たいび'에서 온 것이다. 일본 국어대사전 『다이지센』에 보면 다음과 같이 풀이하고 있다.

1. 最後. 終局. 終わり.

2. び【尾】

　1. 動物のしっぽ. 「燕尾えんび, 驥尾きび, 牛尾, 頭蛇尾」

　2. 物の末端. 後ろ. 終わり. 「尾行, 尾, 尾翼／語尾, 首尾, 船尾, 大尾, 掉尾ちょうび

번역하면, "1. 최후, 결국, 끝 2. 꼬리의 뜻으로 1) 동물의 꼬리 제비꼬리, 준마의 꼬리, 소꼬리, 용두사미 2) 어떤 물건(사건)의 말단, 뒤, 끝, 미행, 미등, 미익, 어미, 수미, 선미, 대미, 도미. '물고기 도미가 죽기 직전에 꼬리를 힘차게 친다는 데서'"로 풀이된다. 일본어 사전의 풀이로 보면 잡힌 물고기가 죽기 직전에 큰 꼬리를 파닥거리는 데서 생겨난 말로, 이것이 어떤 행사 등에서 '마무리를 하는 뜻'으로 쓰이게 되었는데, 그대로 우리가 들여다 쓴 것이다.

『고전낙어의 대미古典落語の大尾』라는 일본 책이 있는데 우리말로 치면 '낙어落語'는 만담이다. "모든 지역민이 참가하는 유왕산 등산 놀이가 절정을 이룸으로써 4일간의 문화재 행사의 대미를 맞는다."(이청준,『춤추는 사제』) 등 문학 작품에서도 대미는 자주 등장하는데 비슷한 말로는 '화룡점정畵龍點睛'이 있다. 이 말이 '대미'라는 말보다 좋을 듯하다. 화룡점정은 우리 국어사전에서 어떻게 풀이할까?

도미가 죽기 전에 크게 파닥인다는 뜻에서 생긴 대미가 우리말에 그대로 들어왔다.

* 화룡-점정 畵龍點睛[화:—]

「명사」

1. 무슨 일을 하는 데에 가장 중요한 부분을 완성함을 비유적으로 이르는 말. 용을 그리고 난 후에 마지막으로 눈동자를 그려 넣었더니 그 용이 실제 용이 되어 홀연히 구름을 타고 하늘로 날아 올라갔다는 고사에서 유래한다. ≒점정03 點睛².
2. 『북한어』글을 짓거나 일을 하는 데서 가장 요긴한 어느 한 대목을 잘함으로써 전체가 생동하게 살아나거나 활기 있게 됨을 이르는 말.

그러나 대미나 화룡점정 같은 말 말고 순 토박이말로 '근사하게 마무리하다' 라는 말은 없을까 고민해볼 일이다.

'수상화서'로 피는
여뀌 꽃을 아시나요

요천수蓼川水는 우리 고장 남원의 젖줄로 남원시를 가로지르는 국가 1급 하천이다. 예로부터 여뀌 꽃이 많다 해서 여뀌 요蓼 자를 써서 요천수라 부르던 이곳을 요즈음 용강이니 요천강江이니 해서 보다 큰 하천을 나타내는 식으로 부르려는 사람들이 생겨나고 있다.

● 〈얼레빗으로 빗는 하루〉, 독자 하진상

여뀌 꽃이 어떻게 생긴 꽃일까. 『표준국어대사전』을 찾아보니 다음과 같은 설명이 달렸다.

❋ 여뀌

「명사」『식물』

마디풀과의 한해살이풀. 높이는 40~80cm이며 잎은 어긋나고 피침 모양이다. 6~9월에 꽃잎의 끝이 붉은색을 띠는 연녹색 꽃이 수상穗狀 화서로 피고 열매는 수과瘦果이다. 잎과 줄기는 짓이겨 물에 풀어서 고기를 잡는 데 쓴다. 잎은 매운맛이 나며 조미료로 쓰이기도 한다. 한국, 일본, 북미, 유럽 등지에 분포한다. ≒버들여뀌·수료01水蓼. Persicaria hydropiper

꽃이 수상화서穗狀花序로 피고 열매가 수과瘦果로 달린다? 이 말을 과연 몇 사람이나 이해할 수 있을까 의심스럽다. 여기서 수상화서는 일본 말에서 온 것이다. 일본 국어대사전『다이지센』을 보자.

❋ 穗狀花序

無限花序の一. 伸長した花軸に柄のない花が穗狀につくもの.

무슨 뜻인지 알고 싶다면 번역하는 대신『표준국어대사전』의 설명을 보면 된다. "수상화서穗狀花序 : 무한 화서의 하나. 한 개의 긴 꽃대 둘레에 여러 개의 꽃이 이삭 모양으로 피는 화서를 이른다"라고 풀이해서 일본 사전을 그대로 베끼고 있다.

이 밖에도 식물을 설명하는 말은 하나같이 어렵기 짝이 없는 일본식

수상화서로 피는 여뀌 꽃.

표현이다. 미나리아재비 꽃은 '취산聚繖화서', 콩 꽃은 '총상總狀화서', 담배는 '원추圓錐화서', 토란 꽃은 '육수肉穗화서'로 핀다고 한다. 어떤 사람은 육수화서라는 말에 "육수를 부어줘 키우는 꽃인가요"라고 묻기까지 한다. 수상화서, 총상화서, 취산화서, 원추화서, 육수화서. 왜 이렇게 어려운 일본식 용어로 식물을 설명하는 것일까? 그것도 일본 말이라고 밝히지도 않고서 말이다.

이 어려운 용어들은 무슨 뜻일까. 일단 화서는 꽃대에 꽃이 배열되어 있는 상태를 말하는 것이며 쉬운 말로 하면 꽃차례다.

● 수상화서穗狀花序

『식물』

무한 화서의 하나. 한 개의 긴 꽃대 둘레에 여러 개의 꽃이 이삭 모양으로 피는 화서를 이른다. 질경이, 오이풀 따위가 있다. ≒수상 꽃차례.

수상화서   총상화서   취산화서

● **총상화서**總狀花序

『식물』

무한 화서의 하나. 긴 꽃대에 꽃자루가 있는 여러 개의 꽃이 어긋나게 붙어서 밑에서부터 피기 시작하여 끝까지 핀다. 꼬리풀, 투구꽃, 싸리나무, 아까시나무의 꽃 따위가 있다. ≒총상03總狀·총상 꽃차례.

● **취산화서**聚繖花序

『식물』

유한 화서의 하나. 먼저 꽃대 끝에 한 개의 꽃이 피고 그 주위의 가지 끝에 다시 꽃이 피고 거기서 다시 가지가 갈라져 끝에 꽃이 핀다. 미나리아재비,

원추화서　　　　　　　육수화서

수국, 자양화, 작살나무, 백당나무 따위가 있다. ≒취산 꽃차례.

● 원추화서圓錐花序

『식물』

무한無限 화서 가운데 총상總狀 화서의 하나. 화서의 축軸이 수회 분지分枝하여 최종의 분지가 총상 화서가 되고 전체가 원뿔 모양을 이루는 것을 이른다. 남천, 벼 따위가 있다. ≒원뿔 꽃차례·원추 꽃차례.

● 육수화서肉穗花序

『식물』

무한 화서의 하나. 수상穗狀 화서와 비슷하나 꽃대의 주위에 꽃자루가 없는 수많은 잔꽃이 모여 피는 화서이다. ≒육수 꽃차례.

식물에 대한 설명은 사물을 섬세하게 보는 시인이나 자녀교육에 열심인 어머니들에게 맡기면 훨씬 쉬운 용어가 나올 것 같다. 대대적인 식물 용어 개선이 시급하며 아울러 일제 잔재 청산을 위해 잠자는 대한민국의 대표 사전인 『표준국어대사전』의 대수술도 서둘러야 할 것이다.

식물인간이나 사지마비 환자가 아닌 한
'개호비' 인정 안돼

질문: 아버지(64세)가 2009년 1월 15일에 왕복 4차선 신호등 없는 횡단보도 건너던 중 1차선에 멈춰선 차를 보고 건너시다 승합차에 치이셨어요. 중환자실에 3주간 계시다가 일반 병실에서 치료 중이십니다. 보험회사와 합의 때 주의점을 알려주세요.

답변: 보험회사에서는 식물인간이나 사지마비 환자가 아닌 한 개호비를 인정해주지 않지만 법원에 소송 시 부상 정도와 입원 기간 등을 고려하여 개호비를 인정해주고 있습니다. 법원을 통한 신체감정 결과 개호가 인정된다면 남은 여명 기간 동안의 개호비를 모두 청구

하실 수 있습니다. 정확한 진단명을 알면 개호 여부를 판단할 수 있습니다.

●인터넷 포털 다음

교통사고 환자인 아버지의 합의금에 대한 질문이 인터넷에 올라 있다. 그에 대한 답변을 하는 사람은 말끝마다 '개호'를 말하고 있다. 간호는 사람들이 잘 쓰는 흔한 말이지만 개호는 좀 낯설다. 그러나 요즈음 상당히 많이 일상에 침투된 느낌이다. 개호용품 같은 말도 흔히 쓰인다. 대체 이 말은 언제부터 쓰기 시작한 것일까? 삼성출판사의 1991년판 『국어대사전』에 "개호: 돌봐줌"이라는 말이 올라 있는 것을 보니 그 이전부터 쓰던 말 같은데, 요즈음 부쩍 많이 쓰는 듯하다. 간호라고 말하면 병원이라는 공간이 바로 떠오르지만, 개호라 하면 가정 간호 또는 고령화 시대에 간호를 받아야 할 사람을 돌보는 그런 '느낌'이 든다.

『표준국어대사전』에서는 개호를 뭐라고 풀이할까.

❀ 개호01 介護 [개ː-]

「명사」

곁에서 돌보아 줌.

이 풀이에는 일본 말이라는 표시가 없다. 그렇다면 일본 국어대사전에서는 뭐라 했을까? 『다이지센』에서 가이고介護를 찾아보았다.

かいご【介護】:

病人などを介抱し看護すること. → 看護

번역하면 "가이고: 환자 등을 보살펴서 간호하는 것. '간호' 를 살펴볼 것"으로 풀이하고 있다. 개호가 곧 간호인 셈이다. 요사이 개호복지사 같은 직업도 생겨났으나 보살피는 사람이라는 뜻으로 '환자 돌보미' 같은 말로 바꿔 써도 좋을 법한데 직업 이름에 사 자가 들어가면 왠지 고상해 보이는 우리들 의식이 일본 말을 자꾸 들여다 쓰게 만드나 보다.

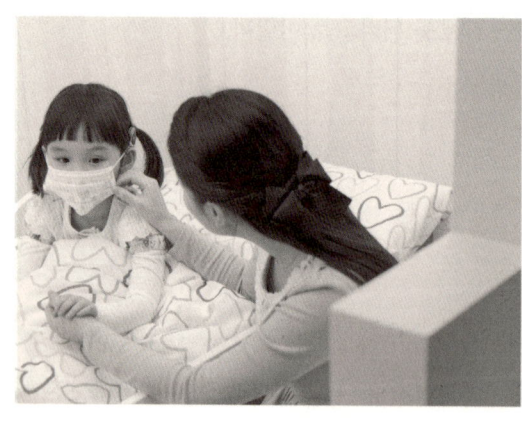

환자 등을 보살펴서 간호한다는 뜻의 개호는 일본 말 가이고를 그대로 가져다 쓴 것이다.

이 대통령 정상회담서 '모두' 발언하다

이명박 대통령이 30일 상하이 서교빈관에서 열린 후진타오 중국 국가주석과의 정상회담에서 모두발언을 하고 있다.

● 『연합뉴스』 2010년 4월 30일

안상수 원내대표가 18일 오전 국회에서 열린 원내대책회의에 참석, '사법 제도개혁의 시급함'에 대해 모두발언하고 있다.

● 『뉴스비트』 2010년 1월 19일

모두발언이란 쓰임새로 자주 쓰이는 '모두'는 무슨 뜻일까? 일단 국립국어원의 『표준국어대사전』 풀이를 보자.

❁ 모두04冒頭[모ː-]

「명사」

말이나 글의 첫머리.

첫 발언이라고 해도 문제될 것이 없는데 구태여 모두발언이라고 쓰는 것은 기사를 쓰는 기자들의 오랜 습관 같다. 그런데 이 말을 기자들만 즐겨 쓰는 것은 아니다. "위원장님께서 '모두' 발언을 하신 것처럼 이 문제는……"이라는 식으로도 많이 쓰이고 있다.

일본어대사전『다이지센』에도 이 낱말이 있다.

모두발언보다는 첫 발언이 누구나 알아듣기 쉽다.

ぼうとう【冒頭】:

1. 文章・談話のはじめの部分.「手紙の—」
2. 物事のはじめの部分.「交渉が—から難航する」

곧, "보토: 문장이나 담화의 첫 부분, 사건(일)의 첫 부분"이다. 첫 부분이나 첫머리쯤으로 바꿔 쓰면 무난한 말이다. 모두발언보다는 첫 발언이 누구나 알아듣기 쉬우며, 이렇게 말한다 해서 결코 품위가 떨어지거나 손상되지 않는다. 모두冒頭처럼 일본 말 한자를 그대로 들여다 천연덕스럽게 쓰는 말로는 헤아릴 수 없이 많다. 하나라도 알았으면 행동하자.

'시건장치' 없는 집만 골라 도둑질

수원 남부경찰서는 20일 시건장치가 없는 집만을 골라 금품을 훔친 혐의(절도)로 권 모(20) 씨에 대해 구속영장을 신청했다. 경찰에 따르면 권 씨는 지난 5월 용인시 신갈동 소재 김 모(41) 씨의 빌라에 시건장치가 없는 것을 확인한 뒤 창문을 넘어 현금 100만 원을 훔친 혐의다.

● 인터넷 포털 다음

시건장치가 없는 집이라. 무슨 말일까? 의외로 인터넷 누리집에는 이 말이 많이 쓰이고 있다. 그런데 시건장치는 뜻을 알기 어려운 일본 말이다. 『표준국어대사전』에서는 뭐라고 풀이하고 있을까?

❋ 시건-장치 施鍵裝置 [시 : —]

「명사」

=잠금장치. '잠금장치'로 순화.

잠금장치로 순화하라고 되어 있을 뿐 말밑(어원)에 대한 표시가 없다. 무엇 때문에 고쳐 쓰라는 것인지 알 길이 없다. 왜 솔직히 일본 말이 어원임을 밝히지 않는 것일까?

일본 국어대사전 『다이지센』에 '시정'이란 말이 나온다.

❋ せじょう【施錠】:

1. 錠に鍵をかけること。「扉にきちんと—する」⇔開錠。

번역하면 "세조: 자물쇠에 열쇠를 채우는 것, 문에 자물쇠를 잘 채우다 폐정"으로 풀이되어 있다. 여기서 정錠은 자물쇠를, 건鍵은 열쇠를 뜻한다. 곧, 자물쇠 통에 열쇠를 넣어 돌려야 문이 잠김을 말하는 것이다. 요즈음엔 단추식 번호를 눌러 잠그는 잠금장치가 나와서 누런 옛날 자물쇠 통을 점점 보기 어려워지고 있지만 예전 자물쇠 통을 생각하면 시정施錠이 무슨 말인지 이해할 것이다. 일본어에는 우리가 말하는 '시건장치施鍵裝置'는 없고 '세조(시정施錠)'란 말만 있다. 따라서 한국에서 쓰이는 시건장치는 일본 말인데, 그것도 절반의 일본 말이다.

잠금 장치나 빗장 걸기 같은 쉬운 우리말이 있음에도 구태여 뜻도 어려운 '시건장치'를 쓰는지 안타깝다. 좋은 예문 하나를 보자.

삐꺽하며 대문에 빗장을 지르는 소리가 났다. 주인 내외는 출타했는지 식모아이가 나와 대문의 빗장을 빼어 주었다.
● 선우휘 『사도행전』

이 글에서 "자물쇠 채우는 소리가 났다"고 하면 말의 맛은 반으로 줄어들 것이다. 음식에만 맛이 있는 게 아니라 말에도 맛이 있다. 맛있는 우리말을 위해서도 시건장치는 하루속히 빗장 걸기나 문 잠그기 또는 잠금 따위로 고쳐 써야 할 것이다.

대출은
소득 '공제' 안 되나요

집은 제 명의로, 대출은 남편 명의로 대출을 받았어요. 남편이 직장을 들쑥날쑥 다니는 바람에 연말정산 제대로 할 기회조차 없었는데 이번에 연봉 4천 정도 책정되어 안정적인 직장을 잡았거든요. 이래저래 연말정산에 대해 생각해보다 보니 대출이 소득공제가 안 된다는 것이 걸리네요. 어찌하면 좋을지. 집을 팔고 빚을 없애버리든 아님 다시 대출을 받든 해야 하는 걸까요? 아님 대출을 갈아타면 소득공제가 되기도 할까요?

●인터넷 포털 다음

요새는 집집마다 대출을 받지 않은 집이 없다. 남편이 잘나가는 집도 드물다. 인터넷 누리집에 비친 이야기를 보면 그렇다. 너나 나나 할 것 없이 모두 같다. 이런 백성들을 위해 세금도 깎아주고 공제도 덜하면 좋으련만, 마구잡이로 빼앗아가는 느낌이다. 이 예문의 주인공도 소득공제에 대한 고민을 적고 있다. 그리고 보니 공제도 그 종류가 많다. 표준공제, 기본공제, 배우자공제, 추가공제 같은 말이 있는가 하면 교원공제회 같은 곳도 있고 공제조합이란 말도 있다.

그렇다면 공제란 무엇일까? 국립국어원의 『표준국어대사전』을 살펴보자.

❂ 공제07控除[공ː-]

「명사」

1. 받을 몫에서 일정한 금액이나 수량을 뺌. '뗌', '뺌' 으로 순화.
2. 『운동』=덤01².

한마디로 빼 가겠다 또는 떼어 가겠다는 말이다. 의논도 없이 자기들이 정해놓은 대로 떼어가는 게 '공제' 인 셈이다. 일본 국어대사전 『다이지센』에도 이 말이 보인다.

❂【控除】:
金銭・数量などを差し引くこと。「医療費が─される」「扶養─」

번역하면 "금전: 수량을 빼는 것, 의료비가 공제된다. 부양공제"라는 뜻이다.

『고종실록』 43권, 40년(1903 계묘) 4월 15일(양력) 첫 번째 기사에 보면 '내장원과 일본 삼정물산합명회사와 관삼 위탁판매 계약을 체결하다'에 '공제'라는 표현이 보인다.

제6조 앞 조항에 기재한 선금은 관삼을 판 값 중에서 공제하여 청산한다.
第六條, 前條에 記載훈 前金은 官蔘賣價中에서 控除淸筭할 事.

1903년이면 일본이 조선으로 진출하여 온갖 이권을 따먹으려고 혈안이 되어 흉계를 꾸미던 시절이다. 여기서 관삼이란 인삼을 말하는데 일개 일본 회사와 조선 정부의 인삼 거래 내용 중에 '공제'란 말이 보인다. 일본 사람들이 쓰던 말이 그대로 왕조실록에 기록된 꼴이다. 그러나 이에 앞서 『숙종실록』 29권, 21년(1695 신묘) 8월 2일 세 번째 기사를 살펴보자.

안으로 충훈부忠勳府·태복시太僕寺 및 각 군문軍門이나, 밖으로 감영監營·병영兵營·수영水營의 저축한 재물과 곡식을 마땅히 묘당廟堂에서 실수實數에 따라 마땅한 양量을 헤아려 공제控除하고 나머지를 옮기지 말게 하여 명년 봄의 진정賑政에 수용需用해야겠습니다.
內而勳府, 太僕曁各軍門, 外而監, 兵, 水營所儲財穀, 宜自廟堂, 從實數量

宜除出, 勿使遷動, 以需明春賑政.

국역본의 공제를 원문에서 제출除出이라고 쓴 것을 '공제'라고 옮겨두었다. 소득공제니 배우자공제니 하는 것이 없던 조선 시대의 '제출'이 일본 말 공제에 밀려버렸다. 그러나 제출과 공제 모두 마땅치 않은 말이다. 예쁜 우리 토박이말로 바꿀 수는 없을까?

부록

『표준국어대사전』을
질타한다

인터넷 국립국어원 온라인 가나다는 국어생활을 하면서 궁금한 것을 묻고 답하는 곳이다. 이곳에 올라 있는 질문에 대한 국립국어원의 무성의한 답변 몇 편과 불만 내용을 소개한다.

1. 모르쇠로 일관하는 예 (1)

 한국과 일본 간의 한자말

리풍교(2012. 1. 11)

일본 방송이나 신문에 보면 우리나라 말과 같은 한자 말이 무수히 많습니다. 예를 들면,
'憲法 刑事 觀光 國會 警察 國有財産 國家公務員 國土開發 專賣 事業 商業 土地 國債 金融 保險 環境保全' 등 토씨만 바꾸면 우리말인지 일본 말인지 알 수가 없습니다.
가끔은 언론에 보도되길 "'○○○'는 일본어이니 우리말을 써야 한다"고 한다고 주장하는 사람들이 있는데 어느 것이 우리말인지 구분지어 놓은 자료를 찾기가 어렵습니다.
어디에 우리말과 일본어의 한자 말을 찾아볼 수 있습니까?

안녕하십니까?
'온라인가나다(국립국어원)'에서는 제시하신 내용에 대한 자료가 없어 답변을 드리기 어렵습니다. 도움을 드리지 못해 죄송합니다.

2. 모르쇠로 일관하는 예 (2)

 질문 잘못된 일본식 표현

황윤하(2011. 10. 10)

경치가 좋은 것 같아요 또는 날씨가 좋은 것 같아요 이런 말 있잖아요. 근데 ~한 것 같아요 이게 일본식 표현인가요?
일본식 표현이면 그냥 날씨가 좋습니다 경치가 좋습니다 이렇게 말해야 하는 거죠?
그리고 이렇게 실생활에서 잘 모르고 쓰는 잘못된 일본어 표현 좀 알려 주세요.

답

안녕하십니까?
질의하신 '일본식 표현'이나 외국어 번역 투 표현에 대해 '자료'가 없어 답변을 드리기 어렵습니다. 도움을 드리지 못해 죄송합니다.
덧붙여, 이와 관련된 서적에는 『말이 올라야 나라가 오른다』(전 2권), 『번역의 기본 요령과 연습』 등이 있으니 참고하시기 바랍니다.

부록 1. 『표준국어대사전』을 질타한다

3. 모르쇠로 일관하는 예 (3)

 전주, 전봇대 그리고 전보상대

이재호(2011. 12. 20)

지금은 전주, 전신주 라고 말하지만 60년대쯤에는 전봇대 또는 전보상대(소리는 상때로 냄)라는 말을 사용하는 사람이 많았습니다.
지금은 사전에 전주 전신주 전봇대는 올라 있는데 전보상대는 안 보입니다. 전보상대에 대한 설명을 부탁드립니다.

안녕하십니까?
질의하신 '전보상대'는 어원 정보가 없으며, 50년대 국어사전에서도 이 낱말을 등재하고 있지 않았습니다. 따라서 과거 '전보상대'는 일반적으로 쓰인 표현(표준어)으로 보기 어려우며, 또한 관련된 자료가 없어 답변을 드리기 어렵습니다. 도움을 드리지 못해 죄송합니다.

4. 국어사전을 질타하는 글

질문 초등학교 국어책 순 한글말 설명 못하는 표준국어대사전?

정훈규(2011. 10. 18)

초등학교 2학년 국어책에 나오는 순수 우리말 상당수가 표준국어대사전에 단어로 등록되어 있지도 않고, 예문의 일부로 나옵니다.
한국어 표준을 정하고 대표하는 기관이 만든 사전이 어째서 한자어 투성인지요?
이 사전에는 70퍼센트이상이 한자어이고, 순수 우리말, 사투리, 방언 등 한국인들이 수백, 수천년 동안 사용해온 단어들이 신기하게도 없어요.
『우리말갈래사전』에는 한글단어 갯수가 7만 5천개입니다.
한글학회에서 만든 우리말 큰사전에서는 한국어 어휘의 45퍼센트이상을 한자어 아닌 순수 한글말로 채웠습니다.
개정판을 내면서 어휘수가 30만 개 이상 늘어났지요. 10년 이내의 짧은 기간 동안에 한국민의 어휘수가 두 배로 늘어날 수가 있는지요?
어휘수 50만개를 자랑하는 표준국어대사전이 5천만 국민들이 사용하는 기본 단어 설명도 못하는 것이 말이 되는 겁니까?

안녕하십니까?
국어원에서도 순우리말로 일컬어지는 단어들을 사전에 등재할 것인가를 두고 검토한 적이 있습니다만, 그 단어가 어떻게 생겨났고, 언제부터 쓰였는지, 방언은 아닌지에 대한 검증이 되지 않아서 사전에 싣지 못했습니다. 그리고 『표준국어대사전』은 2008년에 개정이 되었고, 그 당시 검토 작업을 통해 3600여 항목을 표제어 추가하였습니다.

5. 다른 사전을 보라는 식으로 무성의한 답변

 물고기 이름 중 치와 어의 차이는 무엇인가요

문정희(2008. 2. 5)

바다 생선이나 민물고기 이름 중
어떤 것은 '치'자로 끝나고 어떤 것은 '어'자로 끝나는데
둘의 차이가 무엇인지 궁금합니다.

답

안녕하십니까?
사물의 이름이 어떻게 붙여진 것인가에 대해서는 명확히 답변을 드리기 어렵습니다. 예를 들어, 같은 포유류면서 '호랑이', '고양이'는 '-이'가 붙는데, '개'는 왜 '-이'가 붙지 않는가에 대해 어떤 답을 하는 것이 어려운 것과 같습니다. 약속으로 이름 지어 붙인 것으로 생각하시기 바랍니다. 어류 이름에 관한 자세한 내용은 관련 백과사전을 참고하시는 것이 좋을 듯합니다.

추악한 일본인과 이에 손뼉 치는 언론
- 조선일보는 구로다 씨의 망언을 부추기지 마라

이 글은 2012년 3월 7일에 인터넷신문 대자보에 실린 기고문이다.

산케이신문 서울지국장 구로다 가쓰히로黑田勝弘, 71 씨의 조선닷컴 글을 보면서 이건 아니다 싶어 붓을 들었다. 조선닷컴(인터넷판 조선일보)에 소개된 그의 주장을 살펴보자. 그는 "한국의 애국자들은 오뎅이라는 일본어가 마음에 들지 않아서 오뎅을 어묵꼬치로 바꿔 부르고, 일부 포장마차에서도 메뉴판에 그렇게 쓰고 있다"며 상대가 일본이 되면 한국은 언어 내셔널리즘으로 고생한다고 했다.

이어 "와사비는 고추냉이로, 낫토는 생청국장이라고 바꿔 말해야 한다며 일본어를 거부하는 데 열을 올리는 사람들이 있었지만, 요즘은 그렇게 까다로운 한국어를 사용하는 사람이 없다. 먹을거리에까지 일본을 트집 잡는 사람은 이제 옛날 사람이라고 봐야 한다."고 주장하고 있다. 이 주장이 담긴 글을 인용하여 "조선닷컴 토론장 2012-02-17"에는 갑론을박이 한창이다.

이러한 구로다 씨의 말은 일본어를 조금이라도 아는 사람은 생각해볼 가치도 없는 말이라고 제쳐 놓겠지만 그가 주장하는 '언어 내셔널리즘'의 정확한 의미를 모르는 구로다 씨의 한국인 추종자들을 위해 두 가지만 짚어주고 싶다.

그 하나는 구로다 씨 주장의 논리가 억지라는 것이다. 그의 논리대로라면 일본인들도 한국 음식을 원어 그대로 부르고 있어야 한다. 그러나 사실은 그렇지 않다. 대표적인 먹거리인 불고기ブルゴギ, bulgogi의 경우 일본에서 불고기라고 부르기보다는 야키니쿠燒き肉, yakiniku라고 부르는 사람이 많다. 보라! 동경의 야키니쿠집의 번성을 말이다. 나는 동경에서 불고기집이라는 간판을 본 적이 없다.

그렇다면 왜 일본인들은 한국인들처럼 불고기라 부르지 않고 야키니쿠라 부르는가? 그것은 한국이 싫어서 불고기란 말을 쓰지 않는 게 아니라 야키니쿠라 불러야 얼른 불고기라는 음식을 이해하기 때문에 그렇게 부르는 것이다. 일본 말로 야키燒き는 '굽다'이고 니쿠肉는 '고기'이다. 따라서 세 살배기 어린아이도 야키니쿠 하면 입에서 침이 돌지만 일흔 살

노인이라도 불고기 하면 침이 돌기는커녕 먹어본 적이 없는 사람이라면 고기인지 푸성귀인지 알 수 없는 요리로 전락하고 만다.

바꾸어 말하면 한국인은 오뎅이라고 하는 것보다 '어묵'으로 부를 때 생선살을 이용한 음식이란 이미지가 얼른 전해지기 때문에 어묵으로 부르는 것이다. 구로다 씨는 오뎅을 포장마차에서 '어묵꼬치'라고 부른다고 조롱하지만 한국인들은 어묵꼬치라고 하면 뜻이 더 선명해지기 때문에 이 말을 쓰는 것이다.

일본인들은 한국산 참기름에 구운 야들야들한 김을 좋아한다. 공항에 가면 선물용으로 단연 인기품목인 한국 김을 일본인들은 왜 '김gim'이라 하지 않고 '간코쿠노 노리韓國の海苔, kankokunonori'라고 부르는가? 그것은 일본인들이 '김' 보다는 '노리'라고 말해야 그 의미가 얼른 전달되기 때문이지 한국인이 미워서 '노리'를 고수하는 것은 아니다.

한류 붐이 일어 일본인의 한국 여행이 흔한 요즈음은 비빔밥을 한국 발음으로 비빈바(ビビンバ, bibinba, 일본인들은 비빔밥 발음을 못함)라고 하지만 필자가 30년 전 일본에 있을 때 한국 비빔밥은 반드시 마제고항混ぜご飯, mazegohan이라고 해야 알아들었다. 물론 지금도 비빈바(비빔밥)보다는 '마제고항'이라고 해야 얼른 알아듣는 사람이 많다.

요약하면 어느 나라 사람이든 남의 나라 말을 자신의 언어로 고쳐 쓰는 것은 이해하기 쉽고 편한 까닭이 그 첫 번째요, 민족 감정은 별개의 문제라고 본다. 물론 한일간의 쓰라린 과거를 기억하고 있는 한국인들의 언어인식은 남다를 수밖에 없는데, 구로다 씨가 그것을 비아냥거릴 자격은 없다고 본다. '불고기=야키니쿠'는 언어와 민족감정이 별개라는 것을 잘 말해주는 낱말이다.

그럼에도, 구로다 씨가 이러한 이치에 눈감고 일본이 미워서 '한국의 애국자'들은 '옛날 사람'처럼 '언어 내셔널리즘'에 빠져 고생한다는 식의 표현을 하면 한국인들은 구로다 씨야말로 지독한 언어 내셔널리즘에 빠진 사람이라고 생각할 수밖에 없다.

두 번째로 원어原語를 자기식으로 부르는 게 언어 내셔널리즘이라고 한다면 일본처럼 지독한 언어 내셔널리즘에 빠진 나라도 없을 것이다. 이른바 일본에는 와세이에이고和製英語, わせいえいご라는 것이 있는데 일본에서 만든 일본어식 영어가 그것이다.

사이도브레이키(サイドブレーキ, 영어는 hand brake), 담프카(ダンプカー 영어는 dump truck), 베비카(ベビーカー, 영어는 baby carriage), 호치키스 (ホチキス, 영어는 stapler) 등등 이루 헤아릴 수 없는 영어가 일본에 들어가면 변형되어 버린다. 왜 일본인들은 원어 발음을 충실히 하지 않고 재조합해서 쓰는 것일까?

구로다 씨의 논리대로라면 '미국인이 싫기 때문'이어야 하는데 그러나 그것은 억지다. 중국인들이 코카콜라를 '가구가락可口可樂'이라고 하는 것도 언어 내셔널리즘이라 할 텐가? 원어대로 발음해주지 않는 것은 언어 인식의 편리성대로 고쳐 쓰는 것일 뿐 이를 내셔널리즘과 결부시키는 것은 철학 부재에서 나온 무지이자 고약한 냄새를 풍기는 악취미다.

외국에 가서 살다 보면 그 나라의 장단점이 눈에 띄게 마련이다. 한국에 와서 산다고 한국인에게 좋은 말만 해달라는 것은 아니다. 그러나 자기 나라 말을 갈고닦으면서 외래어보다는 자신의 아름다운 토박이말을 살려 쓰려는 한국인의 노력을 헐뜯고 "이상한 한국인" 취급하는 것은 특파원으로서의 예의가 아니라고 본다. 이것은 비단 언어에 국한되는 것만은 아니다.

일본도 국어인 일본어를 지키려고 노력하고 있지 않은가? 호시나 고이치保科孝一, 1872~1955 씨는 국어학자로 문부성에서 50년간 국어정책에 몸담았던 사람이다. 그는 『국어학 제1집國語學 第1輯, 1948. 9. 13』에서 국어(일본어)에 대해 다음과 같이 밝혔다.

> 프랑스 국민은 모국어에 대한 존중심이 대단하다. 독일에서도 국어사랑 정신을 소학교 1학년 때부터 가르치며 영국에서는 언어사용에 대한 사회적 제재가 엄중하다. (중략) 일본이야말로 국어에 대한 통제를 한층 강화해야 한다. 지금처럼 아무런 통제 없이 둔다면 국어의 체재가 황폐화되어 갈 것이다. 특히 한어계漢語系의 말과 외래어가 남용되어 국어의 순수성을 해치고 있다. 독일에서도 16세기 이래 외래어가 유입되었으나 19세기에 이르러 국민이 반성하여 국어순화운동을 전개해 왔다. 우리 일본도 민주일본 건설을 계기로 국어순화운동을 크게 전개해야 할 것이다.

호시나 씨의 이러한 '국어통제 강화' 의지는 현재 일본국립국어연구소에서 그대로 이어받아 해마다 쏟아져 들어온 외래어(동서양어)를 일본식으로 고쳐 신문지상에 발표하고 있는 것을 구로다 씨는 알고나 있는지 모르겠다.

프랑스, 독일, 영국 등 선진국들은 한결같이 자신의 말을 갈고닦으려 많은 노력을 기울인다. 한국도 예외는 아니다. 그것은 칭찬하고 본받을 일이지 흉보거나 조롱하면서 한국인이 '오뎅'을 '어묵'이라 고쳐 부른다고 투정을 부릴 일이 아니다.

국제화 시대에 음식용어가 되었든 의학용어나 사회용어든 간에 동서양의 교류가 빈번한 시대를 사는 세상이다. 그럴수록 자국의 언어의식이 강한 나라는 원어를 그대로 받아쓰지 않고 자국 나름대로 알기쉬운 말로 고쳐 쓰는 것은 상식이다. 앞으로 일본 말을 그대로 발음하지 않는다고 투정하는 구로다 지국장의 어처구니없는 생떼를 두 번 다시 듣지 않았으면 한다. 산케이신문의 얼굴을 봐서라도 말이다.

구로다 씨야 한국 헐뜯기가 취미인 사람이니까 그렇다고 치자. 그런데 작금에 벌어지고 있는 조선닷컴의 '구로다 씨 발언에 대해 어찌 생각하느냐?'라는 누리꾼 대상 질문은 대관절 무엇인지 묻고 싶다. 오뎅을 어묵으로, 노견을 갓길로, 추월을 앞지르기로 바꾸려는 한국인의 노력을 까뭉개는 구로다 씨 편에 서서 마치 이를 즐기기라도 하는 듯 조선닷컴은 철없는 찬반토론을 벌이고 있다.

더 한심한 것은 조선닷컴의 이러한 행태를 나무라는 이가 없다는 것이다. 조선닷컴은 이런 조잡한 토론으로 누리꾼의 시간을 빼앗을 것이 아니라 객관적인 언어철학을 가진 글을 자주 실어 누리꾼들의 정립되지 않은 국어사랑 정신을 깨우치는 작업에 앞장설 수는 없는지 묻고 싶다.

참고문헌

1. 외국 자료

『朝鮮總督府官報』, 1937. 4. 21

『朝鮮總督府官報』, 1939. 4. 19

『靈南坂敎會100年史』, 府上征三, 靈南坂敎會創立100年記念事業實行委員會 刊, 1979

『廣辭苑』, 岩波書店, 1983

『富士山はなぜフジサンか』, 谷有二, 山と溪谷社, 1983

『朝鮮語大辭典』(1-3), 角川書店, 1986

『渡來人』, 井上滿郞, リブロポート, 1987

『日本寺院總攬』, 吉成勇, 大日本印刷, 1992

『日本書紀』,『新編日本古典文學全集』, 小學館, 1994

『日本天皇渡來史』, 渡邊光敏, 知文社, 1995

『京都の旅 第1集 今日の風土記』, 松本 淸張 外, カッパ・ブックス, 1995

『日本靈異記, 新編日本古典文學全集 (10)』, 中田 祝夫, 小學館, 1995

『天皇はどこから来たか』, 長部日出雄, 新潮社, 1996

『古事記』,『新編日本古典文學全集』, 小學館, 1997

『山の名前の謎解き事典』, 平有二, 平凡社, 2003

『明治天皇關係文獻集』, 堀口修・渡邊幾治郞, クレス出版, 2003

『女人の京』, 岡部伊都子, 藤原書店, 2005

『必携類語實用辭典』, 總語彙數約50000語收錄, 三省堂 Web Dictionary, 2005

『歷代天皇』, 淸水潔, 實業之日本社, 2006

『京都の歷史』, 京都市編, 學藝書林

『大辭林』, 23万3000語收錄, 三省堂 Web Dictionary, 2006

『大辭線』, 24万余語收錄, 小學館, デジタル大辭泉, 2006

『失われた朝鮮文化遺産』, 東京 高麗博物館, 2009

『Oxford Advanced Learner's Dictionary of Current English』, Oxford University Press, 1974

2. 한국 자료

『朝鮮林植物鄕名集』, 鄭台鉉 外 3人, 朝鮮林博物研究會, 1937
『國語의 醇化와 敎育』, 韓國精神文化研究院 編, 1979
『인간 영친왕』, 김을한, 탐구당, 1981
『국어 순화의 이론과 실제』, 한국교열기자회, 일지사, 1982
『가도 가도 황톳길 : 韓何雲의 詩와 생애』, 金昌穉 編著, 지문사, 1982
『정통국어대사전』, 양주동 책임감수, 학력개발사, 1985
『나라글 사랑과 이해 : 국어 순화의 길』, 국어순화추진회 編, 종로서적, 1985
『방송과 표준한국어』, KBS 한국어연구회 편, 한국방송공사, 1988
『우리말 순화의 어제와 오늘』, 국어순화추진위원회, 미래문화사, 1989
『국어대사전』, 이숭녕 외 4명, 삼성문화사, 1991
『국어순화자료집, 1977-1991』, 국립국어연구원, 1991
『조선말대사전』, 사회과학원언어연구소, 1992
『일본어투 생활용어 순화집』, 論山文化院, 1995
『반드시 바꿔 써야 할 우리말 속 일본말』, 박숙희, 한울림, 1996
『觀瀾齋日記』, 鄭觀海, 國史編纂委員會, 2001
『長江日記』, 정정화, 학민사, 1998
『일본 식민문화가 남긴 찌꺼기말』, 김창규, 국학자료원, 2002
『국어순화 자료집 합본 : 1991년부터 2002년까지』, 최용기, 국립국어원 편, 2003
『고려도경』, 서긍 지음, 조동원 외 역, 황소자리, 2005
『(신편 국역)우계 성혼 문집』, 성혼, 민족문화추진회 역, 한국학술정보, 2006
『일본잡지 모던일본과 조선』, 박미경 외, 어문학사, 2009
『사쿠라 훈민정음』, 이윤옥, 인물과사상사, 2010
『친일인명사전』 2, 민족문제연구소, 2010
『다음 국어사전』 http://dic.daum.net
『조선왕조실록』 http://sillok.history.go.kr
『표준국어대사전』 http://stdweb2.korean.go.kr
『한국사데이터베이스』 http://db.history.go.kr